❋ ⋅ ❋ ⋅ ❋ ⋅ ❋ ⋅ ❋ ⋅ ❋ ⋅ ❋ ⋅ ❋ ⋅ ❋ ⋅ ❋ ⋅ ❋ ⋅ ❋

INVERSIÓN DE VALOR

Guía Completa para inversores principiantes para encontrar acciones infravaloradas, estrategias de inversión en valor y gestión de riesgos

❋ ⋅ ❋ ⋅ ❋ ⋅ ❋ ⋅ ❋ ⋅ ❋ ⋅ ❋ ⋅ ❋ ⋅ ❋ ⋅ ❋ ⋅ ❋ ⋅ ❋

BLAINE ROBERTSON

Tabla de Contenido

Introducción

Probablemente has invertido en un momento u otro. Tal vez entonces ni siquiera sabías que estabas invirtiendo en algo. Por ejemplo, algunas personas consideran que una educación universitaria es una inversión. Esto se debe a que cuando inviertes, estás poniendo algunos de tus recursos con la intención de obtener algún beneficio futuro de ello. Se puede decir que la educación también funciona de esa manera.

Sin embargo, lo anterior es una definición general de lo que realmente significa invertir. En su sentido estricto, invertir es el proceso de comprometer algo de dinero a un activo financiero o a una seguridad. El objetivo de la misma es que el dinero inicial puesto se multiplique, dando dividendos para el inversor.

Warren Buffett, que es sin duda uno de los mayores inversores de todos los tiempos, proporcionó su propia definición de inversión. Según él, invertir es el proceso de establecer dinero ahora para recibir más dinero en el futuro. La intención del inversor es poner sus fondos en uno de los canales de inversión, y luego verlo crecer con el tiempo.

Invertir implica priorizar cómo se utiliza el dinero. Gastar dinero es mucho más fácil que ahorrar, e incluso más difícil que invertir. Con el gasto, está la gratificación inmediata que viene con el nuevo traje o las vacaciones que el dinero se utilizó para comprar. Invertir, por otro lado, es dejar de lado las necesidades inmediatas de ganancias futuras.

De invertir podemos así obtener una definición de inversión. Una inversión se define como algo de valor adquirido con dinero que se espera que crezca con el tiempo. Las inversiones se pueden dividir en tres categorías. Son Inversiones de Propiedad, Inversiones de Préstamos y Equivalentes en Efectivo.

Inversiones de propiedad: Estas son las inversiones con las que la gente está más familiarizada. Es el tipo de inversión que fácilmente viene a la mente cada vez que se le pregunta qué es una inversión. Además, esta clase de inversión es la más volátil. Conllevan los mayores riesgos y, como resultado, también conllevan los mayores beneficios.

Las inversiones en propiedad incluyen acciones. En pocas palabras, una acción le otorga el derecho de propiedad sobre alguna parte de una empresa. En general, todos los valores son ejemplos de inversiones de propiedad. Una compra de acciones le da ciertos derechos dentro de la empresa. También le da la capacidad de tener una parte de los beneficios de la compañía en el futuro.

Otro ejemplo es el dinero puesto en la gestión de un negocio. Los emprendedores corren por muchos riesgos mientras dirigen sus negocios. La tarea es fácilmente más exigente de lo que mucha gente presume. Es un ejemplo de inversión en propiedad que tiene muchas posibilidades.

Un inversor puede ganar mucho dinero simplemente creando un producto. Mientras el producto resuelva las necesidades humanas definitivamente generará ventas. Solo tieneque mirar al fundador de Microsoft, Bill Gates, para darse cuenta de lo poderoso que puede ser el producto de una persona.

El sector inmobiliario es también un ejemplo de inversión. Las casas que compres y o las que vendes después de la renovación también se pueden denominar inversiones.

Por supuesto, la casa que uno reside actualmente no cae en esta categoría. Esto se debe a que aunque la propiedad puede apreciarse a lo largo de los años, sólo tiene una función todavía. Mientras siga proporcionando el uso como refugio, no se puede llamar inversión.

Por último, objetos como pinturas, arte valioso y piezas de joyería que son valiosas también pueden ser ejemplos de inversiones de propiedad. Lo importante a tener en cuenta aquí es que los objetos deben ser comprados con la intención de ser revendidos.

Si los objetos se compran puramente por su valor estético o artístico, entonces difícilmente pueden ser considerados inversiones. Las joyas y otros metales preciosos pueden no ser buenos ejemplos de inversiones. Esto se debe a que sus valores se deprecian con el tiempo.

Inversiones de préstamos: Las inversiones crediticias lo colocan en la misma posición que un banco. Generalmente, plantean menos riesgos que las inversiones en propiedad. Como resultado de la reducción de los riesgos, también ofrecen menores rendimientos para las inversiones.

Por ejemplo, un bono emitido por una empresa en particular sólo puede obtener un dividendo establecido. Por otro lado, las acciones de una empresa pueden duplicar o incluso triplicar su valor dentro del mismo período. Además, la acción puede perder fuertemente dentro del mismo período de tiempo.

Como ya habrás descubierto, un ejemplo de inversión crediticia es un bono. Un bono es un término general utilizado para referirse a una variedad de valores. Incluyen tesorería, emisiones de deuda y swaps de incumplimiento de crédito (CDS).

Los beneficios que vienen con cada bono varían dependiendo de la naturaleza del bono. Algunos de ellos, por su propia naturaleza, tienen altos riesgos asociados a ellos, casi tan altos como los de una acción. Sin embargo, la regla básica es que las inversiones crediticias tienen menores riesgos y menores rendimientos de lo que se puede decir de las inversiones de propiedad.

Equivalentes de efectivo: Estas inversiones son fácilmente convertibles de valores a efectivo. Se dice que son "tan buenos como el dinero en efectivo". El más popular entre ellos son los fondos del mercado monetario.

Los fondos del mercado monetario producen rendimientos muy pequeños de la inversión. Los rendimientos suelen estar dentro de los rangos de 1-2%. En consecuencia, los riesgos también son muy mínimos.

Ha habido algunos casos en los que los mercados monetarios arrojaron rendimientos muy altos. Sin embargo, esos tiempos no han sido constantes y no se pueden utilizar como plantilla para el funcionamiento de los mercados monetarios.

Hay varias compras que las personas hacen que consideran inversiones, pero lamentablemente no lo son. Un ejemplo de esto son las compras de consumidores. Cualquiera que sea la compra de los consumidores, sean comestibles o no, ciertamente no son inversiones.

Cada artículo que se deprecia a lo largo del tiempo no puede considerarse una inversión. Difícilmente puede haber nadie dispuesto a comprar bienes de consumo de segunda mano al mismo precio inicial de compra. Incluso las celebridades, que a veces subastan sus artículos para el hogar, no recuperan su precio de compra. Mucha gente se dice a sí misma que están invirtiendo, al comprar bienes de consumo, para disminuir la culpa de la compra impulsiva.

Diferencias entre inversiones y ahorros

Muchas personas tienden a mezclar los conceptos de ahorro e inversiones; sin embargo, no son lo mismo. Desempeñan diferentes papeles en la vida de las personas, ya sea salvando o invirtiendo. Además, el ahorro y las inversiones logran diferentes propósitos.

Ahorrar dinero u objetos de valor es el proceso de reservar recursos para su uso posterior. Por lo general se ponen en cuentas muy seguras y líquidas. Una cuenta es líquida si se puede acceder a ella en el período más corto posible. Por ejemplo, en el caso de los ahorros en efectivo, usted debe tener la capacidad de ahorrar y recuperar el dinero con un estrés mínimo.

Los ahorros suelen ser por períodos más cortos que las inversiones. Los objetivos que se buscan alcanzar no son tan distantes en el futuro. Esto podría incluir planes como ir de vacaciones en un año, ir de compras en una fecha posterior, etc. Por lo general, los ahorros para un proyecto en particular no deben tardar hasta 3 años.

Hay un riesgo mínimo con ahorros. Esto es especialmente cierto cuando su dinero se deposita en una organización financiera que asegura su dinero en una medida razonable. En los Estados Unidos, las personas que ahorran su dinero con la Corporación Federal de Seguros de Depósitos tienen su dinero asegurado. Tienen derecho a $250,000 en caso de que ocurran circunstancias imprevistas.

Por último, algunos intereses pueden acumularse debido a los ahorros. Si el dinero se deposita en una cuenta de ahorros y se deja durante una cantidad significativa de tiempo, puede generar intereses. El interés, sin embargo, no se puede comparar con lo que se puede obtener con las inversiones.

Contrariamente a los ahorros, invertir implica el uso de dinero para comprar activos que el inversionista cree que producirán beneficios en una fecha posterior. El inversor trabaja con la mentalidad de que la inversión producirá un volumen de negocios favorable después del paso de un tiempo determinado. Aunque no hay certezas con las inversiones, a menudo hay márgenes de expectativas que el inversionista considera antes de invertir.

Las inversiones suelen ser lo opuesto al ahorro. Son por períodos más largos de tiempo y se utilizan para el logro de un objetivo importante. Con una inversión, puede ser difícil tener acceso al efectivo con poca antelación.

Además, siempre existe el peligro de pérdida con las inversiones. Los riesgos asociados con las inversiones son mayores que los riesgos asociados con el ahorro. Esto significa que hay mayores posibilidades de perder mucho dinero que con los ahorros.

Por el contrario, los inversores tienen la posibilidad de acumular intereses. Cuando el valor de la inversión de un inversor sube, automáticamente significa que su patrimonio neto también aumentará. Si en ese momento el inversor decide vender, hará mayores rendimientos de los que invirtió al principio.

De todos estos ejemplos, está claro que lo que informa a su decisión sobre si ahorra o invierte es el objetivo final que tiene en mente. Además, su nivel de tolerancia al riesgo también juega un papel. Determina si se puede soportar las presiones que vienen con las inversiones. Una cosa es cierta, sin embargo, hay una promesa de recompensas más altas en inversiones que con ahorros.

Beneficios de invertir

Invertir es una habilidad que es casi tan antigua como el tiempo mismo. Es una de las formas más seguras de crear riqueza. Esta herramienta es empleada tanto por los ricos, como por los individuos que no tienen tanto dinero. El pensamiento más prevaleciente en la mente de un inversionista es buscar un medio de convertir su riqueza para crear más riqueza.

Para las personas que no son ricos, hay varios sistemas que hacen posible comenzar con una pequeña cantidad. A partir de ahí, la inversión puede crecer con el tiempo.

Muchas personas comparan la inversión con el juego. Hay algunas similitudes en que ambos requieren una medida de especulación. Al invertir, sin embargo, el inversor tiene que ejercer una gran cantidad de paciencia

Invertir implica compromiso a lo largo de un plazo más largo. En este sentido, es diferente del comercio que suele ser para períodos más cortos. El tiempo que tarda la inversión también garantiza que haya riesgos reducidos asociados con el proceso de inversión.

Los rendimientos que se acumulan debido a una inversión podrían ser en forma financiera. También podría ser en forma de un aumento en el valor de los activos. La pregunta primordial en el corazón de cualquiera que lea esto debería ser: "¿Por qué debería invertir?" Y eso en sí mismo es una pregunta válida. Esto se debe a que antes de embarcarse en cualquier empresa, debe estar seguro de lo que hay en ella para usted.

Los beneficios de invertir son numerosos. Para facilitar la comprensión, trataré de enumerarlos y explicarlos simultáneamente.

Conduce a la creación de riqueza : Esto no es una creación decerebro. Si tiene la intención de acumular riqueza, debe empezar a invertir. Cuando te niegas a invertir, tu dinero no crece. Además, no produce ningún rendimiento a largo plazo.

La mayoría de los valores ofrecen rendimientos cuando se invierten en un período de tiempo relativamente largo. Esta es la forma más eficiente de hacer uso del dinero ganado con el tiempo. Esto se debe a que va a hacer rendimientos con el dinero ya ganado.

Invertir es una forma segura de vencer a lainflación: No importa la cantidad de dinero que mantenga en efectivo hoy, el valor no será el mismo dentro de un año. Según la investigación, perderás el 4,5% del dinero que guardes en efectivo.

La verdad es que la inflación es una realidad económica que ha llegado a quedarse. Poner su dinero en inversiones ayuda a frenar la tasa de inflación. Las ganancias de las inversiones mantendrán su poder adquisitivo constante.

Invertir es una excelente manera de crear fondos dejubilación: Las inversiones se hacen generalmente cuando uno está ganando algo de dinero. Los rendimientos de las inversiones pueden resultar útiles cuando finalmente se retira del trabajo activo.

En esa etapa, puede que seas demasiado viejo para trabajar. Dejar de lado algo de dinero para ser puesto en inversiones puede ser una póliza de seguro. Por supuesto, usted podría decidir pasar por un sistema de seguro real.

Reduce sus pagos de impuestos: Algunos valores tienen el beneficio de proporcionar declaraciones mientras le ahorran impuestos. Esto a su vez también reduce el pasivo que tiene de impuestos como el fondo del plan de ahorro vinculado al capital (ELSS). Cuando el dinero se ahorra a través de este medio, entonces se puede reinvertir para hacer más dinero.

Invertir produce altos rendimientos: A diferencia delahorro con un banco, invertir produce mayores dividendos. Ahorrar con un banco sólo le da un rendimiento promedio de 4%, pero una inversión produce mucho más.

Pasos para empezar a invertir

Ahora que usted tiene una comprensión de lo que es la inversión, la siguiente etapa es hablar de los pasos que tendrá que seguir para convertirse en un inversor. Esta es sólo una discusión periférica sobre los pasos que un principiante tomará. Más adelante se examinará una discusión en profundidad de las etapas involucradas en la inversión.

Bajo este encabezado, hay tres etapas disponibles para un inversor principiante. Son:

Ganar dinero: Sin duda, esta es la regla más simple a seguir. Esto se debe a que es sólo cuando hay algo de dinero disponible que algunos pueden ser invertidos.

Muchas personas han sido engañadas en pensar que ahorrar dinero durante mucho tiempo eventualmente produce intereses compuestos. Eso es cierto; pero lo que es igualmente cierto es que uno sólo puede hacer mucho con tan poco. Si la cantidad de dinero que tiene es insignificante, sin duda hay un tope a los ingresos que puede producir.

Para el principiante, los fondos a invertir generalmente provienen de sus ingresos. Los ingresos que se pueden invertir son de dos tipos amplios: pasivo y activo.

Los ingresos activos provienen del trabajo de uno, por lo general algún tipo de empleo estable. Los ingresos pasivos, por otro lado, son los rendimientos de las inversiones realizadas por el individuo. Si usted está pensando en iniciar las inversiones, es seguro asumir que es su ingreso pasivo que desea crecer. O tal vez quieras comenzar a crear tu ingreso pasivo en primer lugar.

Sin embargo, su ingreso pasivo solo crecerá a partir de sus ingresos activos. Por lo tanto, si su ingreso activo es bajo, es posible que deba buscar maneras de aumentarlo. Algunos de los cuales pueden incluir cambios en las carreras. Alternativamente, puede buscar obtener más calificaciones para mejorar la cantidad de pago que recibe de su empleo actual.

Ahorre suficiente de su dinero para invertir: Algunas personas hacen una cantidad considerable de dinero, pero les resulta difícil invertir. La única explicación para esto es el gasto imprudente.

Ocuparse de este problema no es tan fácil como gastar el dinero. Esto se debe a que, para muchos individuos, el empuje de gastar es mayor que el empuje de ahorrar. Para frenar el gasto desenfrenado, el individuo necesita desarrollar y apegarse a un estricto plan presupuestario.

Usted necesita comenzar por echar un vistazo a cómo gasta su dinero cada mes. Clasifica y detalla cada vez que gastaste algo de dinero. A continuación, decida si ese elemento es una necesidad o una necesidad. Efectivamente, usted decidirá si ese elemento es una necesidad absoluta, o si puede vivir sin él.

La mayor parte del tiempo, la mayor parte del gasto que hacemos se dedica a cosas sin las que podemos vivir fácilmente. Y lo más trágico de esto es que a menudo no nos damos cuenta cuando estamos gastando demasiado. Configurar un presupuesto y apegarte a él te ayudará a reconocer los artículos que no necesitas. Esto le ayudará a planificar en consecuencia y ahorrar algo de dinero a largo plazo.

Una de las maneras de reducir sus gastos es a través de los tipos de coches que conduce. Heredar un coche puede no ser tan glamoroso como comprar uno nuevo, pero puede ser lo más sabio. Los préstamos para automóviles vienen con intereses ridículos. El comprador con la intención a menudo no ve esto mientras está cegado por la emoción de la compra.

Invertir: Usted se sorprenderá por el número de personas que quieren invertir pero nunca llegar a. Para estos individuos, invertir es poco más que un deseo. Y no importa cuánta energía pongas en "querer" invertir, nunca te darás cuenta de los ingresos con los que sueñas.

Otro grupo de individuos son aquellos que realmente invierten, pero hacen que las inversiones sean de la manera equivocada. La primera regla de golpearlo a lo grande es darse cuenta de que no siempre se puede jugar seguro. Si no puede correr el riesgo de poner su dinero en unas pocas empresas arriesgadas, entonces es posible que aún no esté listo para invertir.

Por supuesto, una comprensión de los diversos tipos de valores le ayudará en su camino hacia la inversión. Es posible que también necesite consultar a un asesor financiero en algún momento o contratar a un gerente. Las complejidades de éstos serán discutidas posteriormente.

Sin embargo, primero debe guiarse por estos principios de inversión. Si puedes centrar tu atención en estos, estarás listo para invertir.

Capítulo 1

Tipos de Inversores

Inversor Ángel

Un inversor ángel es un individuo rico que proporciona respaldo financiero para startups y emprendedores. Este tipo de inversores se encuentran generalmente dentro de la familia y amigos del individuo. Esto se debe a que el inversor suele conocer al individuo y por lo tanto creerá en sus planes.

El inversor ángel puede proporcionar fondos una sola vez para poner en marcha la inversión. Alternativamente, el inversionista también puede proporcionar algunos fondos para ayudar al individuo a través del comienzo inestable.

Los inversores de Angel suelen invertir en una idea de startup/inversión en las etapas iniciales. Los inversores de Angel se arriesgan al invertir en startups que aún no se han formado. Por esta razón, los inversores ángeles no ponen tanto de sus finanzas en este tipo de inversión. Las inversiones apenas superan el 10% de toda su cartera.

Los términos estipulados por el inversor ángel son generalmente más favorables que el endeudamiento convencional. El inversor ángel está más interesado en ayudar al emprendedor a poner en marcha su negocio. La viabilidad y los beneficios subsiguientes que se obtienen del negocio no importan tanto como ayudar al emprendedor. Por lo tanto, en este sentido, los inversores ángeles difieren de los capitalistas de riesgo. Además, a diferencia de los capitalistas de riesgo, los inversores ángeles no exigen un crecimiento agresivo. Por lo general se sienten atraídos por la pasión y el compromiso del fundador. En cierto sentido, el inversor ángel se siente más atraído por la brillantez de la idea de startup que los rendimientos.

Los inversores de ángeles suelen invertir en cambio de propiedad en acciones. Por lo general, invierten entre $25,000 y $500,000.

A veces, los inversores ángeles también pasan por el crowdfunding para encontrar emprendedores con los que invertir. También hay redes de inversores ángeles donde se unen para reunir recursos para financiar negocios.

Muchos emprendedores prefieren a los inversores ángeles porque es menos depredador que otras formas de recaudar fondos. Por lo general, son los últimos centros turísticos para emprendedores que pueden no tener acceso a préstamos bancarios.

Los inversores de Angel se originaron en Broadway. El término se utilizó para referirse a los clientes ricos que intervenen para salvar una producción al borde del fracaso. Antes de que hubiera inversionistas ángeles, los mecenas eran los que desempeñaban el papel de inversionistas ángeles. Por lo general, ofrecían ayuda financiera a artistas con dificultades que buscaban dejar huella con su arte.

El término fue utilizado por primera vez por William Wetzel mientras realizaba un estudio sobre cómo los empresarios obtienen fondos. Wetzel es el fundador del Centro de Investigación Venture. Su descripción parece adecuada para el tipo de inversión que hacen.

Capitalistas

Los capitalistas de riesgo realizan inversiones en empresas adquiriendo algunas de sus acciones denominadas capital social. La idea es que el valor del capital social aumente, otorgándoles beneficios. Los capitalistas de riesgo están más inclinados a trabajar con empresas establecidas. Estas empresas ya deben haber obtenido algunos beneficios.

Una cosa que hay que tener en cuenta es que los capitalistas de riesgo toman una parte del negocio. En algunos casos, un capitalista de riesgo también querrá tomar decisiones de gestión. El empresario debe ser consciente de que el retorno de la inversión (ROI) que se pagará será mayor que el endeudamiento tradicional.

Puede ser aconsejable redactar un acuerdo de asociación antes de trabajar con el capitalista de riesgo. El acuerdo debe explicar exactamente cuáles son los deberes y la expectativa de cada parte. También será importante que un conocido mutuo le presente a un capitalista de riesgo. De esa manera, usted tendrá una persona a la que referirse en caso de que surja un desacuerdo.

Inversores de valor

Los inversores en valor se preocupan principalmente por determinar el valor intrínseco de cualquier acción. Una vez que han determinado con éxito cuál es el valor intrínseco de la acción, siguen adelante e invierten. Un inversor de valor invertirá si el precio de la acción es inferior a su valor intrínseco.

El inversor cree que hay varios factores que podrían afectar el precio al que se establece una acción. El inversor de valor cree que el mercado eventualmente se dará cuenta del verdadero valor de la acción. Por lo tanto, cuando el precio de la acción finalmente se pone al día con el valor intrínseco, el inversor obtendrá beneficios.

Posteriormente se analizará una descripción detallada de los inversores de valor.

Cómo localizar al inversor adecuado

Ahora que conoce los diferentes tipos de inversores disponibles, está listo para el siguiente paso. El siguiente paso es hacer que usted decida cómo obtendrá las finanzas de estos inversores. Identificar a los inversores es una cosa, conseguir que financien su negocio es un juego de pelota diferente en conjunto.

El primer paso en este proceso es decidir si hacer uso de ahorros personales o préstamos personales. Si tiene la intención de hacer uso de los ahorros personales, entonces no necesita inversores. Hacer uso de sus propios fondos personales, en lugar de obtener ayuda de los inversores, tiene sus propios beneficios.

En primer lugar, le da la libertad de explorar toda la extensión de sus ideas sin estar atado al inversor. Además, el dinero ya está a mano por lo que no es necesario pasar por los rigores de la obtención de fondos. Debido a estos beneficios, es apropiado que los ahorros personales como fuente de financiación para inversiones se discutan antes de que se exploren otras opciones.

Los ahorros personales son de dos grandes categorías en general. Son cuentas de ahorros y jubilaciones equivalentes en efectivo.

Aparte de los pocos beneficios enumerados de la financiación personal anterior, también tiene sus inconvenientes. Los fondos personales del inversionista pueden ser insuficientes para financiar totalmente la inversión. Además, algunas personas pueden no estar inclinadas a apostar con fondos que serán necesarios para otros propósitos como la educación universitaria o la jubilación. Es posible que un individuo no confíe lo suficiente en el proceso de inversión como para poder comprometerle esos fondos.

Otra alternativa al uso del ahorro personal es a través del endeudamiento personal. El endeudamiento personal suele ser fácil para los inversores que tienen altas puntuaciones de crédito. También será un bono adicional si el inversor tiene un alto patrimonio neto.

El endeudamiento personal generalmente implica tomar un préstamo a su nombre personal. También puede implicar obtener una nueva tarjeta de crédito y extender su línea de crédito. El endeudamiento corre el riesgo de hundirte aún más en deudas. También podría reducir su puntuación de crédito, por lo que es potencialmente difícil para usted obtener préstamos en el futuro.

Como se ha indicado anteriormente, el primer nivel de financiación es la financiación personal del proceso de inversión. Se espera que el inversor primero explore esta opción y decida su idoneidad para su patrón de inversión. Si por alguna razón le resulta imposible financiar su idea de inversión con sus fondos personales, entonces podría explorar las opciones que se explican a continuación.

Determinar exactamente lo que desea del inversor: Elegir un inversor implica más que simplemente pedir dinero a la gente. Implica pedir un nivel de compromiso del inversor potencial. Por lo tanto, usted debe tener cuidado de asegurarse de que este inversor potencial es alguien cuya filosofía es uno que usted está de acuerdo con.

Es importante que eche un vistazo al historial de inversiones de una persona. Usted debe estar satisfecho con las expectativas que un inversor tendrá para usted después de invertir en su negocio. Todas estas opciones le ayudarán a decidir a qué inversor eventualmente puede lanzar a.

Buscar en los lugares correctos: Si usted está encontrando extremadamente difícil para acceder a un inversor, lo más probable es que usted está haciendo lo contrario. Hay bases de datos que podrían ayudar a su búsqueda. Algunos de estos incluyen AngelList, Angel Den, y similares.

Crear la red correcta: Los inversores suelen medir el valor de una persona antes de hacer una inversión. En algunos casos, el inversionista puede buscar información de las personas dentro de su círculo. También ayudará si usted tiene una reputación estelar dentro de su comunidad. Una buena palabra que alguien en tu círculo te ponga puede marcar la diferencia.

Una vez que haya seleccionado a un inversor en particular, comience a cultivar personas a las que relaciones mutuas con el inversor potencial. Conformarse con una persona que iniciará la conexión entre el inversor y usted mismo. Asegúrate de que esta persona te conozca y crea en tu pedigrí.

Nunca pienses que es imposible llegar de donde estás a un inversor. Se ha dicho que uno está a sólo tres personas de distancia de cualquier persona con la que quiera establecer una conexión. Eso es cierto. Puedeprobarlo sólo para estar doblemente seguro.

Desarrollar un tono increíble: El siguiente paso lógico después de conocer a su inversor es hacer un lanzamiento a él. En la mayoría de los escenarios, esta podría ser su única oportunidad de hacer una buena impresión. En pocas palabras: nada mejor que la preparación.

Identifique su punto de venta único y construya a partir de ahí. ¿Por qué te importa invertir? ¿Qué piensa lograr con el dinero obtenido de sus inversiones? ¿Qué te diferencia de cualquier otro inversor?

Al inversor le gustará saber cuáles son sus posibilidades de éxito. Si el individuo es un inversor experimentado, entonces definitivamente no será nuevo en la toma de riesgos. Sin embargo, a todos los inversores, ya sean experimentados o no, les gustará saber cómo piensa minimizar las pérdidas.

Usted debe tener las respuestas a estas preguntas antes de comenzar a hacer su discurso. Asegúrese de que puede manejar todos los escenarios posibles previsibles.

Pase rápidamente de los rechazos: Lo más probable es que los primeros inversores a los que se acerque puedan rechazarlo. Debes estar preparado para esto. Nunca debes dejar que el fracaso te pese tanto que no puedes avanzar.

Una de las maneras en que puede prepararse con anticipación es hacer una lista de posibles inversores. Es importante que también complete una amplia investigación sobre ellos.

También debe considerar sus inversiones pasadas y lo buenas o malas que resultaron. Debe compilar una lista de unas 20 personas incluso antes de empezar a acercarse a ellos individualmente. La idea es que si uno de ellos no funciona, pasas a la siguiente.

Trabaje cuidadosamente su camino a través de esos nombres hasta que haya agotado todas las opciones. Puede estar seguro de que antes de llegar al final de su lista habrá alguien dispuesto a financiar su idea.

Capitulo 2

Introducción a la Inversión en Valor

Invertir en valor es un estilo de inversión donde las acciones se seleccionan en el supuesto de que están operando menos de su valor. Podrían ser intrínsecos o valor contable.

Invertir valor es bastante simple. No requiere un amplio conocimiento del mercado financiero, las acciones o similares. Lo que requiere es un montón de paciencia, una voluntad de aprender y algo de dinero.

Los inversores que siguen esta filosofía de invertir rutinariamente buscan acciones infravaloradas en el mercado. Trabajan con la suposición de que el mercado puede ser precipitado en la reacción a eventos dentro del mercado de valores. El efecto de esto es la infravaloración de una acción.

Los inversores de valor también creen que la estimación actual de las acciones puede no reflejar la visión a largo plazo de una empresa. Por lo tanto, las acciones se infravaloran debido a la irracionalidad del mercado. Los inversores de valor tratan de hacer dinero durante este período mediante la compra de este tipo de acciones y la esperanza de que su valor aumentará.

Típicamente, los inversores de valor hacen inversiones en empresas con relaciones de libro a precio por debajo de la media. También buscan empresas con rendimientos superiores a la media. El inversor sólo invertirá después de una revisión cuidadosa de las acciones.

Sin embargo, cuando se trata de ello, estimar el valor de las existencias puede no ser del todo fácil. No hay ninguna ciencia que recete exactamente cómo un inversionista debe valorar cualquier acción. Hace que parezca que invertir valor es más un arte que una ciencia.

Debido a la naturaleza subjetiva de la estimación del valor de las acciones, los inversores a veces crearán reglas rectoras. Una de estas reglas es decidir cuál es su propio margen de seguridad. Los inversores se dan margen para cometer algunos errores en su estimación y reservar fondos para rectificar los errores. El tema del "margen de seguridad" se discutirá más adelante.

Diferentes inversores tienen diferentes reglas que siguen para llegar al valor intrínseco de las acciones. Para algunos, se hace hincapié en las finanzas existentes para que no tengan en cuenta el crecimiento futuro. Mientras que para otros, se presta más atención a los potenciales de crecimiento estimados de la empresa.

Sin embargo, independientemente del enfoque empleado por diferentes inversores, el resultado final sigue siendo el mismo. Es decir, la compra de acciones valoradas por debajo de su valor, que se mantienen durante un largo período para obtener ganancias futuras.

Las acciones subvaluadas generalmente se descubren pasando por las finanzas de una empresa. Este es el método empleado por Warren Buffet y Peter Lynch que son famosos por su riqueza de inversión en valor. A través de este proceso, identifican acciones subvaluadas, invierten en ellas y esperan un cambio de cuenta.

Historia de la inversión en valor

A los autores, Benjamin Graham y David Dodd, se le atribuye ser los inventores del término "invertir valor". Desarrollaron el concepto mientras trabajaban como profesores de finanzas en la Universidad de Columbia. En este momento, son aclamados por los pioneros en su campo. Su libro, "Análisis de seguridad", es el texto más importante sobre el tema.

A principios de la década de 1920, los inversores dependían en gran medida de la especulación mientras hacían operaciones. No existía un método general para determinar el valor de una acción a fin de permitir la inversión. Benjamin Graham, sin embargo, creía que un método podría ser desarrollado para determinar el valor de las acciones.

Dentro de este período, trabajó con Dodd para idear el concepto de inversión en valor. Buscó, por el concepto, desarrollar un método que determinara el valor de las acciones, ayudando así a los inversores. El concepto de Graham y Dodd evolucionó las primeras reglas para las decisiones racionales de inversión.

En 1928, Graham comenzó a enseñar este concepto en la Universidad de Columbia. A lo largo de los años, revisó la mayor parte del trabajo, pero los principios generales siguieron siendo los mismos. El curso fue tan notable que se enseñó tanto a los estudiantes como a los profesionales de Wall Street. Después de que Graham se retiró, Roger Murray se hizo cargo de la enseñanza del curso.

El curso fue suspendido temporalmente por un breve período después de que Murray se retirara en 1978. Pero en ese momento, había varios graduados que estaban aplicando vigorosamente los principios de la inversión en valor. Algunos de ellos incluyeron a Warren Buffett, quien se graduó en 1951, Mario Gabelli y Charles Royce.

A lo largo de los años, la inversión en valor ha demostrado ser una de las formas más consistentes de obtener beneficios para los inversores. Esto es así incluso con la naturaleza incierta de la economía en los últimos años. Los éxitos de estos inversores han dado cierta credibilidad a este enfoque de inversión en particular.

Además, también han establecido la inversión en valor como la teoría económica moderna más eficaz. Esto es particularmente notable teniendo en cuenta que el concepto fue afinado alrededor de la década de 1960.

A principios de los años 90, el plan de estudios de gestión de inversiones fue reintroducido en la Columbia Business School. Alrededor de este período, Mario Gabelli persuadió a Roger Murray para dar una serie de conferencias sobre la inversión en valor. Las conferencias tuvieron un gran éxito, lo que llevó a que la inversión en valor se reintrodujera en el calendario de la institución.

También se estableció la Escuela Robert Heilbrun de Finanzas y Gestión de Activos. Su brazo de Educación Ejecutiva comenzó un curso sobre inversión en valor. Creció hasta llegar a ser tan grande que siempre estaba sobresuscripto cada vez. La institución también comenzó su desayuno anual Dodd y Graham. El evento se lleva a cabo cada año durante la temporada de otoño. Es la reunión de la crema de la crema del mundo inversor.

En 2001, se creó una casa permanente para invertir en valor en la Columbia Business School. Esto fue a través de la fundación del Heilbrunn Center for Graham & Dodd Investing. La importancia de esto no puede pasarse por alto. El lugar de nacimiento de la inversión en valor se ha convertido en un campo de aseo para generaciones de inversores.

Ventajas de invertir valor

La inversión en valor se basa en una filosofía simple: mucha gente no reconoce el buen stock cuando la ve. Esa es la razón por la que los inversores rara vez invierten en negocios que lo están haciendo bien. Lo hacen con el entendimiento de que si el negocio va bien, mucha gente comprará las acciones.

Por otro lado, si las perspectivas de un negocio no son visibles en la superficie, mucha gente no comprará las acciones. Esencialmente conducir el precio hacia abajo y por lo que es más barato de comprar, permite grandes inversiones.

Al comprar acciones subvaluadas, el inversor gana más. Una constante es el hecho de que el mercado es impredecible y puede aparecer para mejor. En el caso de que acudan para mejor, el inversor gana la diferencia entre el valor intrínseco de la empresa y el precio de compra inicial.

Además, los inversores de valor se dan cuenta de que cuando las acciones venden bajas, es por una razón particular. Tal vez la compañía está pasando por un período de tiempos turbulentos. Sin embargo, esto podría no ser siempre el caso. El inversor de valor pasa por un montón de problemas para asegurarse de que no sólo la acción está infravalorada, sino también que tiene potenciales de apreciación.

Algunas de las otras ventajas de la inversión en valor son:

La inversión en valor está abierta a todo el mundo: Cualquiera que sean sus calificaciones educativas, o sus antecedentes financieros, puede ser un inversor de valor. El requisito mínimo es el interés y el entusiasmo con respecto a las inversiones.

Aparte de eso, el siguiente requisito es la paciencia. El inversor de valor debe ser una persona paciente, y esta paciencia informa la mayor parte de las decisiones que toma. Aparte de estos dos requisitos -paciencia y afán de aprender- no hay otros requisitos para convertirse en un inversor de valor.

Invertir valor es la forma más fácil de hacer uso de la composición : La inversión en valores un excelente ejemplo de cómo funciona la composición y su poder. Por ejemplo, cuando una persona gana algo de dinero con acciones de valor y lo invierte de nuevo en el negocio, hay un crecimiento exponencial. Este es un patrón que es seguido por la mayoría de los inversores de valor. La forma en que funciona la inversión en valor es que puede obtener beneficios de sus inversiones fácilmente. Los rendimientos de sus inversiones crecen sin requerir mucho esfuerzo de su parte.

La inversión en valor es la forma más inteligente de beneficiarse del mercado de valores: la inversión en valor ofrece una de las rutas más fáciles para ganar dinero del mercado de valores. En primer lugar, la inversión en valor no se ve afectada por las diversas caídas del mercado de corto alcance. Además, el inversor de valor no se cobra las muchas tarifas que las personas que comercian dentro de tales rangos cortos son. Como se dijo anteriormente, los inversores de valor miran más allá de las emociones subyacentes en el mercado de valores. Toman sus decisiones basadas en datos reales. A través de esto son capaces de llegar a nuevas estrategias para sus clientes.

Menos riesgo: Hay menos riesgo asociado con la inversión devalor en comparación con otras áreas de inversión. En comparación con otras formas de análisis financiero, incluyendo el comercio de corto alcance, la inversión en valor ofrece riesgos comparativamente más bajos.

Aquí, el inversor no está atrapado en las fluctuaciones aleatorias de precios experimentadas en otras inversiones a corto plazo. El hecho de que la acción se mantenga durante un período relativamente más largo lo asegura. El inversor tampoco tiene que monitorear constantemente las acciones todos los días.

Uno de los mayores contribuyentes a una pérdida en el mercado de valores es el momento equivocado de compra y venta. Para el inversor de valor, no existe el riesgo de encontrarse con eso. Cuando las acciones se compran y mantienen durante un período prolongado de tiempo, hay menos riesgo de error. El inversor no está presionado para tomar la decisión de comprar o vender con el fin de tener un mejor rendimiento que el mercado. Cuando se elimina este tipo de presión, el inversor toma así mejores decisiones en general.

La inversión en valor ofrece la oportunidad de corregir errores: Siempre existe la posibilidad de cometer errores en cualquier tipo de inversión. Sin embargo, con la inversión en valor, siempre existe la oportunidad de una reventa.

Aquí, esta posibilidad está disponible porque los inversores de valor invierten dentro de un margen de error. Este margen proporciona espacio para que el inversor corrija los errores que puedan surgir en el curso de la inversión. Esto es útil para el inversor de valor porque son capaces de tomar mejores decisiones de inversión con el conocimiento de que hay espacio para corregir errores.

La desventaja de invertir valor

Aunque los beneficios de invertir en valor son numerosos, también hay algunas desventajas en ello. Incluyen:

Dificultad para determinar el valor intrínseco de las acciones: La inversión en valor se basa en la filosofía deque el valor intrínseco de las acciones es a menudo tergiversado por las empresas. La idea es que estas acciones no reconocidas a menudo valen más que su valor de mercado. Sin embargo, una cuestión que surge es la determinación del valor intrínseco de las existencias. Este es quizás el mayor desafío para el inversor de valor.

Determinar el valor intrínseco de cualquier acción en particular es una tarea subjetiva. Diferentes inversores llegan a sus conclusiones utilizando diferentes procesos. Estos procesos son a menudo especializados y fuera del alcance del inversor.

Los métodos empleados por diferentes inversores de valor suelen ser únicos para ellos. No se puede garantizar el nivel de precisión de cada inversor. Además, puede ser difícil estimar cuáles podrían ser las ganancias reales de una empresa.

Por lo general, la valoración de un stock implica tomar decisiones basadas en la información disponible sobre una empresa determinada. Se espera que el inversor pase por la historia de la compañía antes de llegar a una conclusión. No hay un método estandarizado para esto, y esto puede resultar difícil para los inversores.

Se necesita mucha paciencia para tener éxito: para tener éxito como inversor devalor, el inversor necesita aprender a ser paciente. Tiene que ser capaz de esperar a que las acciones vuelvan a ser valiosas para obtener ganancias. Esto a veces puede tomar meses, y en algunos casos, incluso años.

No hay una gratificación instantánea que se obtenga con la inversión en valor. Además, el valor inversor tiene que seguir un patrón en particular, sin dejar espacio para experimentar. Esta filosofía será la luz guía para el inversor para todas y cada una de las inversiones.

Esto puede resultar muy difícil para los inversores que quieren hacer algunos dólares rápidos. Tener que esperar un cambio de hora puede ser a la vez inquietante y rompedor para una gran cantidad de individuos. Muchos otros también pueden carecer de paciencia, no sólo para esperar, sino también para seguir con un patrón singular de inversión. Especialmente en los casos en que experimentan pérdidas ocasionales.

El consejo general es que si usted no puede ser paciente, usted no tiene negocio sin ser un inversor de valor.

Fundamentos de la inversión en valor

Por último, para terminar esta sección sobre la inversión en valor necesitamos discutir sus fundamentos. Estos son los conceptos básicos que cualquier persona que quiera entrar en inversión en valor debe seguir. Son los principios rectores, los fundamentos mismos en los que se basan los principios de inversión en valor. Son:

Las empresas tienen un valor intrínseco : Esto constituye la base para la inversión envalor. La suposición aquí es que cada empresa tiene un valor intrínseco que a menudo no se puede realizar. Esto es importante porque una vez que se reconoce el valor intrínseco de cualquier empresa, las compras se pueden hacer en el momento adecuado. El valor intrínseco de una empresa permanece relativamente constante. Sin embargo, los precios de las acciones pueden cambiar. El inversor de valor trabaja con esta filosofía, invirtiendo en empresas incluso cuando sus precios de las acciones caen.

La hipótesis de mercado eficiente es a menudo inexacta: La hipótesis de mercado eficiente postula que elprecio de una acción es un verdadero reflejo de su valor. Sugiere que cada acción tiene en cuenta toda la información relativa a la empresa. Los inversores de valor creen que la hipótesis de mercado eficiente es inexacta. Creen, más bien, que una serie de factores podrían influir en el precio de las acciones.

Por ejemplo, el precio de una acción puede caer debido a la aprehensión o el pánico en los mercados globales. Un ejemplo de esto es una caída total en los precios de las acciones durante la Gran Depresión. Por el contrario, los precios de las acciones también podrían subir debido a la emoción. En estos dos casos, el precio de la acción se vio influenciado por factores externos, a diferencia de la hipótesis de mercado eficiente. Esto está en sintonía con la creencia de alguien que se suscribe a la inversión en valor. Es decir, otros factores podrían influir en el precio de las acciones.

Los inversores de valor son contrarios: Los inversores devalor no siguen el rebaño. Quieren ir en la dirección opuesta de todos los demás en el mercado de inversión. Para empezar, no están de acuerdo con la hipótesis de mercado eficiente. Además, cuando otros están en el frenesí de compra de seguridad sabia, por lo general estarán vendiendo sus acciones. Y en los tiempos en que la gente vende, o compran o se paran y no harán nada.

Típicamente, los inversores de valor no compran acciones que son populares en el mercado. Esto se debe principalmente a que las acciones populares son generalmente caros y caros. Más bien buscarán acciones que estén infravaloradas pero que muestren signos de promesa. Los inversores de valor consideran las acciones como pequeñas partes de la compañía. Creen que al poseer un porcentaje de las acciones de una empresa, poseen un porcentaje de la compañía. Miran más allá de las ganancias financieras momentáneas y en su lugar se centran en el panorama más amplio de poseer participaciones en empresas que les darárendimientoen rendimientos en el futuro. A diferencia de otros inversores, que abandonan las empresas tan pronto como muestran signos de angustia, los inversores de valor son leales. Miran las finanzas de una empresa y mientras las perspectivas sean buenas, se adhieren a ella.

Cada inversor debe aprovechar el margen de seguridad: El margen de seguridad se refiere a la brecha entre el valor real (intrínseco) de una acción y su valor de mercado actual. Los inversores a menudo establecen cuál es su propio margen de seguridad. Por lo tanto, cuando se involucran en la inversión en valor, son conscientes de este hecho y ayuda a reducir los riesgos que toman con respecto a la inversión.

En nuestra vida cotidiana, a veces aplicamos el principio del margen de seguridad sin darnos cuenta. Por ejemplo, imagine que compra un par de zapatos por $15 menos que el precio completo. Usted puede estar haciendo esto porque se da cuenta de que el zapato puede llegar a ser un buen ajuste. Si el zapato finalmente resulta ser una terrible compra, perdería $15. Compara esta pérdida con el precio de compra original (sin el descuento) entonces no parece que hayas perdido mucho dinero. Si por otro lado, los zapatos duran más de lo que esperabas, ganarás algo de él. El punto aquí es que cuando creas un margen de seguridad, ganas de cualquier manera.

El padre de la inversión en valor, Benjamin Graham, también hizo popular el concepto de margen de seguridad. Los inversores deciden el margen de seguridad para cada seguridad con la que interactúan. Este minucioso proceso incluye tener en cuenta factores cualitativos y cuantitativos sobre la seguridad. Estos incluyen la reputación de la empresa dentro del mercado, los activos y la gestión, y la gobernanza.

Cuando se tienen en cuenta todos ellos, se llega a una conclusión sobre el margen de seguridad de esa seguridad en particular. Warren Buffet ha declarado varias veces que el margen de seguridad constituye la piedra angular de su inversión. Dedica hasta el 50% del valor intrínseco de una acción como su margen de seguridad.

Debe señalarse aquí que el margen de seguridad no elimina por completo los riesgos asociados a la inversión. Los riesgos siempre estarán ahí en cualquier tipo de inversión. Lo que hace el margen de seguridad es reducir los riesgos al mínimo.

También garantiza que el inversor no se encuentra con pérdidas al tratar de vender las acciones. Esto se debe a que cuando las acciones se compran a un valor de ganga, hay una optimización de los beneficios y minimiza las pérdidas.

Inversión en valor distinguida de especular

Una inversión puede definirse simplemente como cualquier tipo de activo adquirido con el objetivo de que se aprecie en el futuro. La especulación es cualquier empresa entró sin ninguna expectativa concreta de rendimientos. Implica movimientos de riesgo muy altos con la promesa de grandes rendimientos también.

La gente a menudo comete el error de etiquetar a cualquiera que compre cualquier acción para ser un inversionista. Eso es en gran medida inexacto. Es posible que una persona que compra una acción no esté haciendo lo mismo que un inversor, sino simplemente como especulador. Invertir no es lo mismo que especular.

Parece haber similitudes entre la especulación y la inversión en valor. Tal vez, esta comparación surge del hecho de que toda forma de inversión implica algún tipo de especulación. Cada inversor que invierte en cualquier valor lo hace sobre la base de que espera generar rendimientos.

Por supuesto, para otros, pueden determinar con cierto nivel de certeza en qué dirección se convertirán sus inversiones. Para el inversor de valor especialmente, el historial de la compañía otorga cierta garantía sobre la viabilidad de la acción. Esto no puede decirse de otras formas de inversión. En este sentido, la inversión y la especulación de valor pueden parecer similares.

También hay diferencias entre los dos conceptos. El valor que el inversor necesita para entender estas diferencias antes de comenzar a invertir en primer lugar. Ayudará al inversor a identificar su tolerancia al riesgo, que es un componente clave de la inversión.

La consideración principal se basa en la cantidad de riesgos asumidos en los dos términos. En la especulación, los riesgos son mayores. De alguna manera se puede comparar con el juego. Mientras que la inversión en valor tiene en cuenta los fundamentos de la empresa y las perspectivas de la garantía antes de realizar las inversiones.

Un ejemplo de un activo de naturaleza especulativa son las criptomonedas. Las criptomonedas son famosas por su alta volatilidad. A finales de 2017, las criptomonedas, como el bitcoin, aumentaron en su valor. Hubo la consiguiente prisa por la compra por parte de los inversores. Muchos de esos inversores hicieron grandes rendimientos de la negociación de las monedas, mientras que muchos otros suerteron. Sin embargo, las criptomonedas por su naturaleza son inversiones especulativas. Tienen una corta vida útil en el mercado de valores.

En términos simples, si usted compra algo con un riesgo mínimo, usted está invirtiendo. Sin embargo, cuando la compra es de alto riesgo, usted está especulando. Los dos términos tienen algunas cosas en común; la diferencia suele ser la cantidad de riesgo que el inversor está dispuesto a tomar.

Otra diferencia entre la inversión en valor y la especulación es la cantidad de tiempo invertido en el mercado de valores. Los especuladores no pasan mucho tiempo con ninguna acción o seguridad. Se mueven rápidamente, comprando y vendiendo valores en un corto período de la misma manera que los operadores de día.

En el mercado de valores, los operadores de día no se consideran inversores. Hacen inversiones a corto plazo, confiando en un fenómeno conocido como un paseo aleatorio. Un paseo aleatorio se define como ningún patrón establecido para el crecimiento. A este respecto, las acciones siguen el camino establecido por el patrón de inversión errático del especulador.

En el mercado de valores, las acciones tienden a moverse hacia arriba y hacia abajo con poco ritmo. Este es el período que los especuladores suelen comprar acciones, contribuyendo al patrón ya errático. Sin embargo, a largo plazo, finalmente comienzan a obtener beneficios. Es dentro de este período que los inversores invierten y hacen sus rendimientos.

Otra área de diferencia está en la razón por la que compran acciones. Ya se ha dicho anteriormente que tanto los inversores como los especuladores compran opciones de acciones. Sin embargo, lo más probable es que un especulador compre una acción porque está en juego. Esto significa que la acción es considerada valiosa por una amplia gama de participantes en el mercado.

No tienen en cuenta los fundamentos de dicha empresa. Tampoco realizan análisis cuidadosos, pero simplemente esperan que las acciones aumenten y obtengan ganancias. Debido a esto, los especuladores tienden a aumentar el precio de las acciones. Los inversores de valor trabajan para igualar el mercado porque compran cuando otros están especulando / vendiendo y viceversa.

Los propios especuladores proporcionan los fundamentos de inversión que son amados por los inversores de valor. A menudo compran acciones de una corazonada y necesitan poco más que eso para vender las acciones. En este escenario, los precios de la acción finalmente se subvaluan peligrosamente cuando toda la atención ha sido quitada de ella.

Diferencias entre inversión en valor e inversión en crecimiento

A medida que se embarca en este camino hacia la inversión, se dará cuenta de que hay más de una manera de hacer fortunas a partir de acciones. Una forma de hacerlo, como se discutió anteriormente, es a través de la inversión en valor. Otra forma de ganar dinero con el mercado de valores es a través de la inversión de crecimiento. Ambos estilos de inversión representan sistemas fundamentales a través de los cuales se realizan rendimientos en el mercado de valores.

La diferencia entre los dos estilos no está en cómo se compran o venden. La diferencia tampoco reside en la cantidad de existencias que poseen en una empresa. La principal diferencia está en su enfoque de la idea de invertir. Los dos enfoques son diversos, pero se pueden utilizar juntos y pueden complementar su cartera como inversionista.

Los inversores en crecimiento suelen ser atraídos por empresas con una tasa de crecimiento acelerada proyectada. Las proyecciones se encuentran generalmente en evidencia empírica basada en las circunstancias circundantes. Sin embargo, no hay ninguna garantía de que las proyecciones realmente producirán los rendimientos esperados.

Este crecimiento suele ser en forma de aumento de los ingresos y beneficios. Por esta razón, los inversores en crecimiento simplemente reinvierten los ingresos que generan en la misma empresa. Los ingresos reinvertidos se utilizan para expandir la empresa mediante la contratación de nuevo personal, la compra de mejores equipos, etc. Se espera que la tasa de crecimiento proyectada de la compañía aquí siga aumentando por encima de la media del mercado. Las acciones de crecimiento tienen una alta relación precio-ganancias en comparación con las acciones de valor.

La inversión en crecimiento suele estar asociada con empresas nuevas o emergentes. Estas empresas no deberían tener un historial de grandes rotaciones detrás de ellas. Lo que suelen tener son las proyecciones de obtener grandes beneficios con el tiempo.

Las empresas mantienen un alto volumen de negocios incluso ante las condiciones adversas de la economía. Mientras que otras empresas se ralentizarán, lo contrario será el caso de ellas.

La inversión en crecimiento ofrece a los inversores la promesa de recompensas más ricas a corto plazo. El inversor obtiene la diferencia entre su inversión actual y la apreciación futura proyectada del capital. Esto, por supuesto, también conlleva mayores riesgos para el inversor.

La razón por la que el inversor en acciones de crecimiento no recibe dividendos depende de la estrategia de reinversión empleada, aunque el dividendo se paga en algunos casos. Sin embargo, en la mayoría de los casos, los inversores bursátiles de crecimiento no reciben dividendos.

Los inversores en crecimiento apuestan su dinero por el hecho de que el crecimiento de una empresa traerá mayores beneficios y también que estos beneficios se reducirán a los inversores que compran sus acciones. Pero este no siempre es el caso.

Generalmente, algunas de las características de las acciones de crecimiento incluyen:

Registros de crecimiento de altos ingresos: Durante los períodos de retenciones en el mercado de valores, algunas empresas pueden experimentar una reducción en su tasa de crecimiento. Pero en última instancia, las empresas de crecimiento experimentan aumentos en el valor de sus acciones. Cuando ganan tracción, las empresas de crecimiento logran traer beneficios independientemente del estado del mercado de valores.

Las acciones de crecimiento son más volátiles que otras en el mercado más amplio: las acciones decrecimiento tienen el potencial de sumergirse en valor durante un corto período. Las noticias negativas sobre la compañía tienen el potencial de impactar el valor de las acciones. La volatilidad de las acciones de crecimiento es muy alta.

Siempre existe el temor de incurrir en pérdidas en la inversión de crecimiento. Esto se debe principalmente al hecho de que sus precios se ven generalmente afectados por los cambios en las ganancias. Debido a su alta volatilidad, la inversión en crecimiento es más adecuada para los inversores con una alta tolerancia a los riesgos.

Por otro lado, las acciones de valor son menos volátiles que las acciones de crecimiento. La idea con las acciones de valor es que tardan más tiempo en experimentar un cambio. Este período de tiempo hace que sean menos propensos a caer en valor.

Esta es también la razón por la que las acciones de valor son las más adecuadas para los inversores a largo plazo. No experimentan fluctuaciones de precios a diferencia de muchos otros valores que se encuentran en el mercado de valores. También tienen un historial probado de éxito. El precio bajo por el que se adquiere la acción es interpretado por el inversor como un fallo momentáneo. Si las acciones lo hicieron bien en el pasado, también experimentará un cambio en el futuro. El hecho de que los inversores también tengan fe en la empresa a veces ayuda a que se recupere más rápido.

Sin embargo, las existencias de valor también conllevan riesgos propios. Por ejemplo, si el administrador calcula erróneamente el valor intrínseco de cualquier acción, se contrapone. Por lo tanto, si la evaluación de las perspectivas futuras de la empresa está desactivada, entonces el valor actual de las acciones puede no alcanzar el valor proyectado.

En pocas palabras, no hay garantía de ganancias tanto en la inversión en valor como en la inversión en crecimiento.

Las acciones de crecimiento históricamente tienen un mejor desempeño que las acciones de valor cuando la tasa de interés cae. También funcionan mejor cuando las ganancias de una empresa están en aumento. Por el contrario, por lo general se ven afectados peor cuando la economía experimenta cualquier desaceleración.

Las acciones de crecimiento son más caras que las acciones devalor: los inversores ponen muchas expectativas sobre las acciones de crecimiento. Esta expectativa aumenta los precios de las propias acciones. Sus precios son altos, especialmente en comparación con sus ventas o beneficios esperados.

Se espera que los inversores paguen sumas más altas por acciones en crecimiento que las acciones de valor. Esto se debe a que tienen las expectativas de venderlo para un gran beneficio más adelante. La idea es que a medida que la empresa siga creciendo, también lo hace el valor monetario de las acciones de una empresa de este tipo. Los inversores en crecimiento hacen excelentes gangas, porque aunque las acciones son caras, se venden a un precio mucho más alto más tarde.

Las acciones de valor son siempre las más baratas de las dos acciones. Los inversores compran acciones de valor porque están infravaloradas en el mercado. Las acciones de valor, tal como se definen, son acciones que cotizan por valores inferiores a sus fundamentos.

El precio colocado en un stock de valor se determina generalmente
después del análisis de varios factores. Estos factores revelan el valor
intrínseco de la acción, y el inversor juzga que antes de invertir.
Algunos de los factores tomados en consideración incluyen el
modelo de negocio empleado, la competencia en el mercado, etc.

Durante mucho tiempo, ha habido un argumento continuo sobre cuál
de las dos formas de inversión es la mejor. Las dos partes siempre
han logrado elaborar estadísticas para respaldar sus afirmaciones de
superioridad. El argumento en apoyo de la inversión en valor es que,
tanto a largo como a corto plazo, el rendimiento sustituye a los de las
acciones de crecimiento.

Algunos estudios han revelado que, durante un período de tiempo
más largo, las existencias valoran mejor que las existencias de
crecimiento. Además, lo mismo se puede decir cuando el marco de
tiempo es relativamente corto. A corto plazo, el valor de mercado de
las acciones individuales puede ser empujado bastante bajo. Esto
proporciona la oportunidad de inversión perfecta para los inversores
de valor.

Algunas personas prefieren hacer una combinación de ambas
estrategias al invertir en el largo plazo. La intención con esto es
recibir la mayor medida de rendimientos mientras se encuentra con
riesgos mínimos. Este movimiento inteligente está diseñado para
favorecer al inversor en caso de que el mercado favorezca el
crecimiento o la inversión en valor. Una combinación de ambas
estrategias garantiza un rendimiento sin problemas en las
inversiones.

Por último, sobre la cuestión de qué estrategia es mejor, una respuesta definitiva puede no ser posible. Sin embargo, los estudios han demostrado que la inversión en valor es la mejor de las dos para las inversiones a largo plazo. La inversión en crecimiento, por otro lado, ofrece mayores rendimientos a corto plazo.

Cualquier estilo que elija emplear depende de usted. Usted tiene que considerar el plazo que tiene y los fondos disponibles antes de elegir una estrategia.

Capítulo 3

Habilidades Que Necesitan los Inversores de Valor

Una dosis de escepticismo saludable

Cada inversor requiere una dosis de escepticismo saludable. De hecho, Robert Johnson, presidente del American College of Financial Services, declaró que es una habilidad sin la que todo inversionista no puede prescindir.

Comprensiblemente, la habilidad no significa que el inversionista se vuelva cínico o pesimista. Lo que implica es que el inversionista entienda que algo eventualmente puede salir mal. El proceso de preparación para esta eventualidad es lo que informa el escepticismo.

Otra habilidad que requiere el inversionista, que se asemeja mucho al sano escepticismo, es el contrario. Los inversores de valor son a menudo personas audaces y audaces. Nunca tienen miedo de ir en la dirección opuesta de la manada en ningún momento.

Con esto, sin embargo, existe el peligro de que el inversor pueda ser engañado como resultado de la presunción. Si el inversor continúa constantemente siguiendo su propio camino, puede que ni siquiera se dé cuenta de las veces que ha hecho algo mal.

Para evitar que esto suceda, es aconsejable que el inversor esté en sintonía con sus cifras a cada paso. Las decisiones que tome deben guiarse por el conocimiento del mercado financiero, así como por un reflejo de sus pensamientos sobre su propia posición en el mercado de valores.

Para asegurar que su decisión de invertir en la dirección opuesta del mercado de valores sea la mejor en este caso, necesita llevar a cabo un análisis. El inversor necesita ignorar las opiniones de todos los demás a su alrededor, considerar las cifras y tomar su decisión. Cada decisión debe ser evaluada singularmente.

Los inversores de gran valor hacen que sea un hábito volver a visitar su posición de vez en cuando para determinar su pertinencia continua. Puede ser necesario que vuelva a calcular el valor intrínseco de cualquier acción. No dude en hacerlo. En el caso de que se haya producido un cambio en las perspectivas de la empresa, el inversor debe realizar los ajustes adecuados para ello.

Paciencia

No hay ganancia que diga el hecho de que cada inversionista, especialmente un inversionista de valor, necesita desarrollar paciencia. Desde el principio, se requiere paciencia al identificar las oportunidades de invertir. Cuando el inversor ha encontrado acciones en las que invertir, también tendrá que desarrollar paciencia.

Como se indicó anteriormente, el inversor de valor siempre tiene la necesidad de esperar a que las acciones "maduran". Cuando un inversor de valor está comprando una acción, sabe que sus recompensas no serán inmediatas. Aplaza el disfrute actual de las recompensas hasta una fecha futura.

La habilidad más importante para un inversor es la capacidad de permanecer al margen y esperar el momento adecuado para invertir. Cuando el inversor decide comprar una acción en particular, cuando su valor intrínseco está en un margen particular, tiene que atenerse a ella. No tendrá mucho sentido hacer las compras con un 5% o 10% de descuento.

El inversor debe esperar a que se incorpore un mayor margen de seguridad en las acciones antes de comprar. El margen de seguridad requerido es de hasta el 30% como mínimo. Y para que este descuento se logre, el inversor necesita tener un montón de paciencia.

Uno de los medios a través del cual el inversor desarrolla la paciencia es a través de la experiencia. Leer y recibir consejos de la gente sólo hará mucho. No hay sustituto para la experiencia real y práctica.

Al principio, cuando el inversor comience a invertir, el mercado ejercerá un tirón sobre él. A menudo se requiere que una persona que ha construido algún nivel de perspicacia sea la que participa en la primera operación para el inversor. La experiencia que esta última persona ha obtenido será un largo camino en informar las decisiones que el nuevo inversor tomará.

Como se mencionó anteriormente, la paciencia suele ser una función de la experiencia. Para que el inversor construya su experiencia, y por extensión, paciencia, necesita empezar poco a poco. Al tomar pequeños riesgos desde el principio, será capaz de gestionar plenamente los resultados de sus inversiones.

Por último, uno de los productos experimentan nacimientos es la convicción de mantener sus decisiones. El inversor es capaz de mantener sus decisiones cuando tiene una fuerte convicción sobre ellos. Esto generalmente se fortalece por los muchos años de éxito que puede haber experimentado en el campo también.

Persistencia

La persistencia es la capacidad de seguir apareciendo sin importar lo difícil que se ponga. Es la capacidad de hacer lo mismo una y otra vez con la expectativa de resultados. La persistencia es una habilidad que ningún inversor puede permitirse prescindir.

La tarea de invertir puede ser bastante aburrida. Sin embargo, el inversor siempre debe aparecer y seguir trabajando duro. Hay numerosos artículos que leer y llamadas a hacer en la búsqueda de la inversión. El inversor no puede permitirse una ruptura en la rutina o una desviación de cualquier tipo. Esto se debe a que el éxito a menudo se enreda en pequeñas rutinas.

Incluso en los casos en que experimentan cualquier fracaso, los buenos inversores saben que volver a levantarse y continuar. No hay lugar para la autocompasión o las donaciones.

La persistencia requiere una gran cantidad de disciplina. Adam N. Phillips, director de la estrategia de cartera en EP Wealth Advisors en Los Angeles, cree que esta es la habilidad más importante para cualquier inversionista. La capacidad de seguir haciendo lo mismo a lo largo de los años sólo puede nacer a través de la disciplina.

Además, la información valiosa siempre llegará al inversor a través de una multitud de fuentes. La información a menudo postulará cuando el mejor momento es hacer compras cuando, vender acciones y similares. Se necesita disciplina para que el inversor ignore todos esos factores y se adhiera a su estrategia de inversión. Apegarse a una estrategia es la única garantía de éxito.

Como nuevo inversor, tendrá que ser disciplinado y también persistente. Puede ser difícil apegarse a un camino particular en la inversión, pero eso garantiza el éxito más que cualquier otra cosa. También tiene que poner en el esfuerzo para tener éxito. Puede parecer que las cosas mundanas no importan, pero en realidad sí.

Una vez que te des cuenta de que las pequeñas cosas son a menudo la diferencia entre el éxito y el fracaso, te dará el empujón que necesitas.

Capacidad para mantenerse en sintonía con los tiempos cambiantes

Ya se ha mencionado que los inversores de valor van en contra de la marea. Sin embargo, esto no significa que ignoren totalmente los principios y las políticas rectoras en la inversión.

Además, esto no significa que ignoren los cambios en los climas económicos. Para que un inversor de valor ignore cualquier posición, existe la suposición de que es consciente de la posición. Esto es lo que diferencia a un inversor de valor experimentado de un nuevo participante en el mercado de inversión.

Cualquier inversionista de valor que tenga el objetivo de tener éxito tiene que estar atento a los cambios en las políticas. Las políticas, por ejemplo, podrían estar en el sector económico. También podría incluir reformas hechas por el gobierno que impacten en el mercado de valores.

Este estado de alerta informará al inversor cuando necesite cambiar de posición. Le dirá cuándo comprar o cuándo vender sus acciones. No hay ningún cambio que sea tan minúsculo que pueda pasarse por alto. La verdad es que el cambio que puede hacer que el valor de una acción se desplome puede ser tan rápido que un inversionista, que no está alerta, puede perderlo.

El inversor necesita entender que a pesar de que no necesita revisar sus acciones todos los días. No deja nada al azar ni a los caprichos y caprichos de las fuerzas del mercado de valores.

Con este fin, incluso cuando se está tomando unas vacaciones, necesita emplear a alguien para mantener un ojo en sus inversiones. Siempre es aconsejable tener un plan activo en su lugar si vas a estar fuera de la red por un tiempo. Esta persona debe ser alguien que sea experto en inversión y le informará de cualquier cambio. Usted podría organizarlo de una manera para que la persona actúe como su representante, tomando decisiones para sus acciones en su ausencia.

Para esta última opción, la persona necesita ser alguien cuyo juicio confíe. Debe ser alguien con quien te sientas lo suficientemente cómodo dejando tus inversiones y poder notarial. Por supuesto, podría ser que eventualmente, puede que ni siquiera necesite ejercer esa opción. Pero siempre es mejor estar a salvo que lamentar.

Un inversor de valor trabaja con un plan definido

Uno de los factores distintivos entre inversores y especuladores es la presencia de un plan en la estrategia de inversión del primero. Un inversor de valor experimentado no realiza ninguna inversión por capricho. Calcula cuidadosamente cada movimiento antes de decidir finalmente qué acciones comprar. Después de la compra, todavía tiene que decidir cuánto tiempo lo mantendrá y cuándo planea venderlo.

Tener una "buena sensación" sobre una empresa es común. Sin embargo, para el inversor de valor, esa no es una razón viable para comprar la acción. Hará una revisión exhaustiva de las fortalezas, debilidades y antecedentes de esa compañía en particular. También se espera que inspeccione cuidadosamente todas las opciones antes de establecerse en una.

Este es el sistema que debe seguir cada inversor de valor, incluidos los nuevos participantes. Los inversores establecidos siempre tienen su estrategia trazada en su cabeza, y se adhieren a ella. Pero para el inversor que es nuevo en el sistema, podría ser un poco difícil trazar una estrategia y seguirla. Es por esta razón que siempre es aconsejable que un nuevo inversor consulte a un asesor cuando comience a invertir.

La función del asesor será informarle de las diferentes opciones disponibles para él. Un asesor también guiará al inversor a través de todo el proceso de inversión. Al final, sin embargo, la elección de las acciones a comprar será la de los inversores.

Trabajo duro

El principio del trabajo duro es aplicable en todos los ámbitos, incluida la inversión. Larry Lockwood, la Cátedra Stan Block Endowed en Finanzas en la Escuela de Negocios Neeley de la Universidad Cristiana de Texas, tiene la misma creencia. Escribió la frase de que no hay sustituto para el trabajo duro. Esta filosofía es una seguida religiosamente por los inversores.

Desde el principio, los grandes inversores llevan a cabo la debida diligencia. No dejan nada en manos de un tercero. Si hay algo que leer, lo leen. Si hay alguna llamada de conferencia que hacer, lo hacen.

Se niegan a distraerse con lo que la opinión pública está relacionada con cualquier empresa o cualquier acción. Ellos mismos forman sus propias opiniones sin poner mucho énfasis en el mundo exterior. El efecto de esto es que nunca son fácilmente balanceados por los acontecimientos a su alrededor. Son conscientes de los acontecimientos, por supuesto, pero forman su propia opinión basada en fuentes externas.

Grandes habilidades analíticas

Cada inversor de gran valor tiene grandes habilidades analíticas. El éxito de las inversiones depende de la capacidad del inversor para ingerir y analizar un montón de información. Esta es una habilidad que el nuevo inversionista necesita tener. Cuando perfecciones y desarrollas tus habilidades analíticas, te ayudará a discernir datos erróneos. También le ayudará a alejarse de la información engañosa sobre el mercado de valores.

Capacidad para tomar cualquier pérdida n tride

Además, vas a perder tu dinero en un momento. El hecho de que usted sea un inversor de valor no elimina totalmente los riesgos de usted. Siempre existe la posibilidad de que a pesar de sus mejores cálculos, algo pueda salir mal. El inversor debe ser consciente de esto y, por lo tanto, tomar las medidas adecuadas para asegurarse de que este no sea su destino.

Será temerario creer que cada inversión que hagas te traerá beneficios. Eso simplemente no es cómo funciona el sistema. Incluso los veteranos experimentados, como Warren Buffet, tienen cadenas de inversiones sin éxito que recubren sus senderos. En algunos casos, el error podría ser tuyo. Usted puede cometer algunos errores al calcular el valor intrínseco de la acción. En otro caso, el error podría provenir de la propia empresa. Es posible que la compañía cometió un error, arrastrando efectivamente sus inversiones hacia abajo con su desorden.

Además, la causa de la desgracia también podrían ser desastres naturales como hambrunas, guerras, etc. Estos son factores que ninguna persona puede prever o prevenir fácilmente. Estos están totalmente fuera de su control, por lo que debe asegurarse de recordara a sí mismo para tomar con calma. Por último, incluso podría ser que la inversión simplemente no haya funcionado. En este tipo de situaciones, la pérdida puede no ser atribuible a ningún factor externo – la empresa, su mal juicio, etc. Debe estar preparado en caso de que ocurra alguno de los escenarios anteriores.

Hay varias maneras de prepararse para este tipo de situación. Uno de ellos es a través de hacer arreglos alternativos para cuáles serán sus reacciones en caso de que sufra una pérdida. Siempre es aconsejable no poner todo su dinero en la inversión. Se espera que reserve algunos fondos para ser utilizados para manejar situaciones de emergencia.

Siempre debe estar dispuesto a volver a la mesa de inversiones, incluso cuando sufre una pérdida. Esta es la única manera a través de la cual realmente se puede ganar. Una mentalidad y perspectiva positivas pueden hacer maravillas para su psique en este tipo de situación. Especialmente si la pérdida es a una escala monumental.

Por último, no pase todo su tiempo tratando de evitar una pérdida. Es casi imposible evitar una pérdida mientras usted está invirtiendo. Lo mejor que puede hacer es tratar de reducir la tasa de pérdidas al mínimo.

Lo más importante, tratar de evitar una pérdida te mantendrá centrado únicamente en la pérdida, y de esa manera, es posible que nunca ganes. No tenga cuidado hasta el punto de evitar riesgos que potencialmente conducirán a éxitos. Como inversionista, siempre mantén tus ojos en el premio, haz lo mejor que puedas y deja que el resto se solucione.

Capítulo 4

Análisis Fundamental

Análisis fundamental es el alma de invertir. De hecho, cualquier persona que invierta sin un conocimiento profundo del análisis fundamental está obligado a fracasar. Sea cual sea la estrategia de inversión que elija emplear, lo más probable es que se base en un análisis fundamental.

En relación con las acciones, el análisis fundamental trata de determinar el valor de una garantía considerando los factores subyacentes a su alrededor. Estos factores que rodean las perspectivas de negocio reales y futuras de la empresa se consideran antes de llegar al valor de la acción.

El análisis fundamental implica el examen de los factores subyacentes que determinan el bienestar de una empresa. El objetivo aquí es generalmente predecir el precio futuro de la acción. Los fundamentalistas suelen ignorar la previsión de individuos aleatorios en el mercado de valores.

Es posible realizar análisis fundamentales sobre toda una economía o industria. Esto se debe a que, en términos generales, el análisis fundamental analiza otros factores dentro de una industria, aparte de los precios. Los movimientos de precios suelen tener la menor consideración durante el análisis fundamental.

Al realizar análisis fundamentales para la industria, los analistas comprueban las fuerzas de oferta y demanda. Para evaluar la economía en general, el analista aquí se centra en los datos económicos disponibles para el individuo. Los datos se utilizan para determinar el estado actual de la economía y el crecimiento proyectado. Al llegar a los precios futuros de las acciones, el análisis fundamental combina tanto el análisis económico, de la empresa y de la industria.

En última instancia, el análisis fundamental se reduce a la cuestión de si la acción es o no una buena inversión, la empresa está creciendo y si los beneficios se están registrando realmente. Por último, considera si la empresa está actualmente enredada en deudas.

El análisis fundamental puede describirse como la investigación de los fundamentos de cualquier empresa. La pregunta entonces es, ¿qué son los fundamentos? Este es un concepto bastante difícil de definir porque los fundamentos de una empresa podrían incluir muchas cosas. Podría deberse a factores obvios como la generación de ingresos, los beneficios e incluso incluir factores como la calidad de la gestión.

Los fundamentos se agrupan básicamente en cuantitativos y cualitativos. Los fundamentos cuantitativos son las características visibles y discernibles de cualquier negocio. Incluyen datos mensurables, como la cantidad de ingresos generados. Los fundamentos cualitativos no son tan fáciles de identificar. Son los aspectos intangibles de una empresa que influyen en su crecimiento. Esto puede incluir la reputación de la empresa, estilo de liderazgo, etc.

Hay dos críticas principales al análisis fundamental. Estas críticas provienen de aquellos que se suscriben al análisis fundamental y de aquellos que creen en la hipótesis del mercado eficiente.

En pocas palabras, los analistas técnicos realizan inversiones simplemente basadas en el precio de la acción. No tienen en cuenta los fundamentos a la vez que realizan inversiones, basándose únicamente en el impulso. Creen que toda la información sobre el mercado se refleja en las acciones. Por lo tanto, el movimiento de las existencias proporciona más información.

El desacuerdo para los defensores de la hipótesis de mercado eficiente proviene de analistas técnicos y fundamentales. Creen que no es posible hacer grandes rendimientos en los mercados financieros a largo plazo. No les importa si las herramientas que se emplean son de naturaleza técnica o fundamental.

Objetivos de análisis fundamental

Los objetivos del análisis fundamental, cuando son empleados por diferentes personas, varían. Sin embargo, generalmente, hay razones específicas por las que un inversionista querrá participar en un análisis fundamental. Incluyen:

Determinar el valor razonable de cualquier acción

El análisis fundamental realiza búsquedas en todo el mercado de valores para determinar los movimientos futuros de los precios. Estas predicciones se basarán en el comportamiento del mercado de valores dentro de ese período específico.

Además, el analista intenta determinar el valor de la compañía y si sus acciones están sobrevaloradas o infravaloradas. Esto informará si el inversor en valor comprará la acción o no. Un inversor de valor solo comprará una acción si actualmente está infravalorada. Cuando el precio finalmente coincida con su valor intrínseco, el inversionista del valor entonces venderá con fines de lucro.

Determinar cuál es la solidez financiera de la empresa

La tarea más importante del analista es determinar la solidez financiera de la empresa. Aquí el analista determina si la empresa tiene la capacidad de pagar sus deudas. Cualquier otro factor es irrelevante si la empresa está enredada en deudas que no puede pagar.

Individuos a menudo cometen el error de investigar las acciones después de haberlas comprado. Ese es un movimiento muy imprudente para hacer. Las personas a menudo se saltan la parte de la investigación porque toma una medida de esfuerzo por parte del investigador. Es importante tomarse el tiempo para repasar los registros financieros de una empresa antes de llegar a una conclusión.

El análisis fundamental ayudará al inversor a evitar este error. Si se adhiere cuidadosamente a los principios del análisis fundamental, eventualmente será capaz de descubrir cuestiones ocultas dentro de las acciones.

Analizar la ventaja competitiva de una empresa

No basta con tratar de determinar la fuerza de la empresa por sí sola. Analizar los factores relacionados con una empresa de forma aislada dará una visión ictericia. Se supone que el analista fundamental compara la empresa con otras del mismo sector. La empresa es analizada con otros en la misma industria.

El beneficio de esto es que dará una visión mejor y más cohesionada de la empresa. También le da al inversor una idea justa de cómo la compañía será justa contra otros.

La verdad es que la compañía se enfrentará a varios otros en la misma industria. El análisis fundamental tiene como objetivo dar a un inversor una idea justa de lo bien que lo harán las acciones. Por lo tanto, antes de invertir, el inversor debe saber si la empresa puede vencer a sus competidores. El objetivo primordial del análisis fundamental es capacitar al inversor para que tome la mejor opción de inversión posible.

Fundamentos del análisis fundamental

Al realizar un análisis fundamental, el inversor debe tener en cuenta lo siguiente:

Una estimación del valor de una empresa

La percepción afecta a los mercados financieros. Los inversores pueden considerar una empresa en particular, pero llegar a diferentes conclusiones con respecto a sus potencialidades. Uno puede estar viendo una mina de oro potencial, mientras que otro verá un riesgo financiero que no vale la pena tomar.

La percepción de cualquier acción puede verse influenciada por sentimientos

La verdad es que, en ciertas situaciones, el pronóstico relativo a una acción en particular está influenciado por sentimientos. Esta es la razón por la que, en muchos casos, las acciones a veces superan sus valoraciones. Además, en otros casos, las acciones ni siquiera cumplen con las expectativas. Esto es especialmente cierto en los mercados débiles.

Los grandes analistas fundamentales ignoran la percepción del mercado sobre las acciones y desarrollan sus propios sistemas. Hacen uso de las métricas financieras de las empresas. Esto se basa en el entendimiento de que puede ser imposible poner una etiqueta de precio específica en los activos.

Las tendencias de la industria afectan el valor de las existencias

Las acciones se delinean en función de sus sectores e industrias particulares. Por lo tanto, para entender la fuerza de cualquier empresa, debe ser visto junto con las acciones dentro de esa misma industria. Generalmente, una industria fuerte producirá acciones que también son muy fuertes. Es a través de este proceso que nacen las tendencias de la industria.

Un inversor debe ser consciente de las tendencias de la industria dentro de su propia industria. Su industria es en la que tiene la intención de invertir, o en la que ya ha realizado inversiones. Para entender las tendencias de una industria, mire a los líderes de la industria que le interesan. Lo más probable es que la forma en que respondan a diferentes situaciones establecerá la tendencia para la industria.

El análisis fundamental funciona mejor para los inversores a largo plazo

Los inversores a largo plazo son los que más se benefician del análisis fundamental. Esto se debe a que las inversiones alcanzan un pico de rentabilidad a largo plazo. Los comerciantes de swing no se benefician tanto como los comerciantes a largo plazo. Su rentabilidad depende principalmente de su premisa para la tenencia. En cuanto a los operadores intradía, sus márgenes de beneficio son aún más pequeños. Por lo general, se ven afectados por las noticias en la industria y pueden no ser lo suficientemente estables como para beneficiarse de un análisis fundamental.

Análisis fundamental para diferentes valores

El análisis fundamental se utiliza cuando se hace referencia a acciones particulares. Sin embargo, también se puede emplear en la evaluación de diferentes valores, como bonos y derivados. Lo importante a tener en cuenta aquí es que mientras se examinen los fundamentos económicos, se está llevando a cabo un análisis fundamental.

El análisis fundamental hace uso de los datos disponibles en el dominio público para llegar a una conclusión sobre el valor de la población. El análisis fundamental se utiliza principalmente para la evaluación de las existencias. Sin embargo, se puede emplear en la evaluación de cualquier tipo de seguridad.

En el caso de los bonos, un inversor de valor puede decidir el valor de la garantía prestando atención a varios factores económicos. Esto puede incluir mirar las tasas de interés cobradas por la seguridad en todo el país. El estado de la economía es también un factor a tener en cuenta aquí.

El inversor de valor también debe tomar nota de la persona que emite el bono, es decir, el emisor del bono. Factores como los posibles cambios en las calificaciones crediticias pueden marcar la diferencia.

Al evaluar acciones e instrumentos de capital, el analista hace uso de ingresos, ganancias, márgenes de beneficio, etc. Estos factores se utilizan para determinar el valor de la empresa y su crecimiento potencial también. En lo que respecta a las acciones, el análisis fundamental tiene en cuenta los estados financieros de la empresa que se está evaluando.

Un inversor de valor siempre comprará acciones cuyo valor intrínseco es superior a su valor de mercado. Esto se debe a que el inversor es consciente de que el valor de la acción eventualmente aumentará. Las acciones a menudo se elevan para avanzar hacia su valor intrínseco. Este mismo principio se aplica cuando el valor intrínseco es inferior al precio de mercado. En este caso, el inversor tendrá que vender la acción. El principio sigue siendo principalmente que el valor de una acción gravita hacia su valor intrínseco.

Hay varias etapas en el análisis fundamental de las existencias. El primer paso consiste en el cribado inicial de la acción para determinar la compatibilidad. El inversor tiene que ser consciente de varios ratios que entran en juego en la evaluación de cualquier acción.

El papel de la relación es informarle de la salud financiera de la empresa. La forma en que esto funciona es a través de la comparación con otras proporciones en la misma industria. Cuando las proporciones de estas diferentes empresas se enfrentan entre sí, comienzan a revelar información sobre esa empresa en particular.

Se discutirán más a fondo algunos de los coeficientes que se consideran en el análisis fundamental. La primera es, relación de liquidez. El coeficiente de liquidez se utiliza para calcular la posición de liquidez de una empresa en cada momento. Evalúa la capacidad de la empresa para cambiar sus activos a efectivo en cualquier momento.

El coeficiente de liquidez es importante porque es a través de esto que la empresa paga la deuda al instante. Por lo tanto, una empresa con un alto coeficiente de liquidez tendrá la capacidad de pagar sus deudas más rápido. El ratio de liquidez se calcula generalmente dividiendo los activos actuales de una empresa con sus pasivos actuales.

Otro ratio es la ratio de rentabilidad de la compañía. La relación de rentabilidad simplemente analiza la capacidad de una empresa para obtener beneficios. Lo que hace es mostrar la situación financiera de una empresa en cualquier momento. Algunos ratios de rentabilidad de uso común incluyen el margen de beneficio operativo, el rendimiento del capital, etc.

También está la relación de actividad. Esto se limita a evaluar las operaciones dentro de la industria. Presta atención a lo eficiente, o de lo contrario la operación dentro de la empresa es, y es la capacidad de convertir rápidamente el inventario en efectivo.

La relación precio-ganancia muestra el precio de las acciones de la compañía a sus ganancias por acción. Esto podría ser una excelente manera de determinar si la empresa está sobrevalorada o infravalorada. Debe tener en cuenta que las empresas podrían alterar fácilmente sus relaciones de precio a ganancia mediante la adición de deudas. Por lo tanto, siempre es aconsejable hacer uso de la relación pasada de una empresa para medir su relación precio actual-ganancias.

El segundo paso para analizar el análisis fundamental de cualquier seguridad es aprendiendo sobre la empresa. Difícilmente puede estar en posición de determinar el estado de una empresa si no está al tanto de la información disponible sobre la empresa. Usted debe saber lo que sucederá si hay una caída repentina en el precio de los productos de la empresa. Además, ¿qué tal un cambio en la administración; ¿cómo afectará a la empresa?

Es aconsejable visitar el sitio web de la empresa para llevar a cabo esta investigación. Usted necesita para persigue cuidadosamente cuál es la visión de la empresa. Es necesario comprobar lo bien que se han desempeñado a lo largo de los años. Todos estos combinados le ayudarán a determinar si va a pasar al siguiente paso. Le notificará si va a finalizar su búsqueda en este punto.

Si está satisfecho con la información que tiene sobre la empresa, entonces es el momento de pasar a la siguiente etapa. La tercera etapa es comprobar los informes financieros de la empresa. Este es uno de los pasos más cruciales en el análisis fundamental de las acciones de cualquier empresa.

Los informes financieros incluyen la cuenta de pérdidas y ganancias, el estado de flujo de efectivo, etc. El balance le indica las deudas y activos actuales. El análisis de los activos y pasivos proporcionará información e información sobre la empresa.

Otro informe financiero, que debe tener en cuenta, son los informes anuales de la empresa. Los informes anuales son presentados cada año por cualquier sociedad anónima. También se ponen a disposición para el consumo público. Los documentos suelen ser voluminosos y ocupar una gran parte del tiempo de un inversor.

El último registro financiero que se comprueba es el estado de flujo de caja de la empresa. Como su nombre indica, simplemente muestra los movimientos de efectivo dentro de la empresa. Lo que esto le muestra es la liquidez de la compañía en cualquier momento. Esta información puede ser muy útil para el inversor.

Después de considerar los registros financieros, el siguiente paso en el análisis fundamental de las acciones es comprobar las deudas de la empresa. La deuda de una empresa puede desempeñar un papel importante en la determinación de cualquier perspectiva futura. Esto se debe a que una empresa con grandes cantidades de deuda sólo se centrará en pagar su deuda. El accionista difícilmente puede cosechar de la empresa en tales situaciones.

Por último, el último paso en el análisis fundamental de las acciones es comprobar las perspectivas futuras de la empresa. Si su intención es invertir a largo plazo, entonces usted necesita estar seguro de que la empresa durará el tiempo que desee. Deberías estar feliz sabiendo que la compañía seguirá existiendo en los próximos diez a quince años.

También debe analizar la empresa en relación con sus pares. Cuando se considera con otras empresas en ese campo en particular, ¿tiene un buen rendimiento? ¿Por qué vas por esta compañía en particular contra los otros? ¿Qué tiene de único esta empresa?

El análisis fundamental de una acción en particular es muy importante para el inversor de valor. Los factores que se consideran aquí se utilizan como base para invertir o no. Las reglas aquí indicadas no se lanzan en piedra. El inversor puede desviarse de ellos. El objetivo final es proporcionar un sistema de optimización de beneficios para el inversor.

Importancia del análisis fundamental

Por todo lo que se ha discutido, es fácil darse cuenta de que el análisis fundamental es importante para invertir. Sin embargo, muchos inversores todavía no entienden cuán importante es el análisis fundamental. Así que con el propósito de enfatizar, voy a tratar de discutir la importancia de la misma.

El análisis fundamental le da una comprensión de cómo funciona el sistema. Le otorga una comprensión profunda de los factores que influyen en el crecimiento de las acciones. También permite al inversor conocer la razón del aumento y la caída de los precios de las acciones. Armado con este conocimiento, el inversor es capaz de tomar mejores decisiones y hacer mejores rendimientos.

Sin embargo, el analista técnico simplemente intenta analizar el stock con el uso de estadísticas solamente. Los analistas técnicos creen que los patrones futuros de los movimientos de precios se pueden determinar mirando el pasado. Los datos utilizados en el análisis técnico se generan durante un corto período de tiempo. El analista fundamental, sin embargo, utiliza la información generada durante un largo período de tiempo.

A menudo se ha argumentado que la información generada a partir de un análisis técnico puede ser poco fiable. Esto se debe a la corta duración de la investigación. También está la crítica de su hipótesis de mercado eficiente. Esta es la suposición de que todo lo que se debe saber sobre la acción se refleja en su precio.

Por último, se puede hacer una combinación de análisis fundamental y análisis técnico. Aquí, el inversor puede optar por emplear análisis fundamentales para determinar acciones con fundamentos fuertes. A partir de entonces, se empleará un análisis técnico para determinar el mejor precio a pagar por ellos.

Además, se puede emplear un análisis fundamental para descubrir existencias infravaloradas. Principalmente, esa es la razón por la que el análisis fundamental se emplea en primer lugar. Después de esto, el análisis técnico se utiliza para determinar los mejores puntos de entrada y salida para el inversor.

En la misma línea, los analistas técnicos también pueden emplear la ayuda del análisis fundamental con el fin de hacer grandes operaciones. El analista técnico puede tener la intención de vender las acciones dentro de un plazo específico. A continuación, tendrá que hacer uso del análisis fundamental para asegurarse de que las acciones producirán beneficios en el futuro.

Muchos inversores no creen que el análisis fundamental y el análisis técnico deban combinarse. Estos conjuntos de inversores creen que los dos conceptos se oponen a los conceptos y deben dejarse así. Cualquiera que sea el caso, sin duda ayuda al inversor a saber cómo funcionan ambos sistemas. Esto, por supuesto, le ayudará a determinar finalmente cuál de los dos emplear en el futuro.

También existe la sugerencia de emplear análisis fundamentales, análisis técnicos y análisis cualitativos. Esto puede ser un poco demasiado tedioso para el inversor. Es mejor para el inversor emplear cualquier método con el que se sienta más cómodo.

Capitulo 5

Al Estilo Graham

Esto será una aberración para hablar sobre el arte y el estudio científico de la inversión en valor sin mencionar a Benjamin Graham. Warren Buffett podría ser el chico del cartel de la inversión en valor, pero sus grandes avances en la inversión en valor habrán sido prácticamente imposibles sin Benjamin Graham. A menudo se le describe en Wall Street como "el padre de la inversión en valor" y el "decano de Wall Street".

Cualquiera que tenga la intención de tener un éxito notable en la inversión en valor debe ser un estudiante de este gran hombre. Por supuesto, ser su estudiante en este contexto se referirá a estudiar sus trabajos sobre la inversión en valor y la implementación de los principios perennes diseñados por él. Es visto como el pionero en el negocio del análisis de seguridad.

Los inversores modernos todavía se están beneficiando de las obras de este gran hombre que dejó una huella indeleble en el mundo. Dos de sus mejores obras, "Security Analysis" y "The Intelligent Investor", que fueron escritas en 1934 y 1949 respectivamente, todavía están siendo ampliamente leídas hoy en día. Estaba dotado de la increíble capacidad de analizar una empresa con precisión quirúrgica. Esto le permitió predecir con precisión la probabilidad de aumento o caída de los valores de las acciones en el futuro.

La Ley de Valores fue promulgada en 1933, con él desempeñando un papel prominente. Este acto cambió el juego. Esta ley exigía que las empresas proporcionaran estados financieros sometidos al escrutinio y aprobación de un contador independiente. El efecto resultante de esto fue que le facilitó la realización de un amplio análisis financiero de varias empresas con precisión.

Benjamin Graham: ¿Quién era?

Benjamin Graham fue profesor, economista e inversionista estadounidense. Nació en Gran Bretaña y vivió entre 1894 y 1976. Dominó el arte de ganar dinero comprando acciones por menos de su valor intrínseco. Lo hizo con el fin de venderlos más tarde cuando son debidamente valorados o incluso valorados más allá de su valor intrínseco.

Graham era famoso por esto, pero eso no fue todo. También tenía varias personas que aprendieron de él. Se graduó de la Universidad de Columbia en Nueva York, donde su destreza académica fue realmente notable. Después de su graduación en 1914, comenzó a trabajar en Wall Street. Empezó a ganar dinero, pero perdió la mayor parte en 1929. Esto fue como resultado de la caída del mercado de valores que tuvo lugar ese año y la depresión final. También se ganó la vida asesorando a la gente y escribiendo libros sobre la inversión en valor. Entre sus estudiantes de renombre está el chico cartel de la inversión en valor, Warren Buffett. Benjamin Graham puede haber fallecido, pero sus principios perviven.

Desgracia con suerte

Ser capaz de aprender de experiencias pasadas para mejorar la vida es un movimiento inteligente. Graham mostró esto de una manera considerablemente impresionante. Las lecciones que aprendió de la terrible ocurrencia en 1929 fue lo que dio origen a su famoso libro, "Security Analysis", publicado en 1934. El libro se convirtió en un estándar utilizado para enseñar cursos relacionados con las finanzas durante varios años. Su método de análisis y evaluación de valores comenzó aquí.

Estaba decidido a no volver a sufrir el mismo destino; también estaba decidido a ayudar a otras personas a evitar el mismo destino. Comenzó a desarrollar su método de renombre mundial para tomar riesgos bajos y obtener enormes ganancias. No simplemente escribió otra teoría de la economía en el libro de gestión de finanzas. El libro contenía muchas teorías que él mismo había probado.

Practicar antes de la teoría

Antes de escribir el libro, había invertido en empresas que había estudiado personalmente. Observó que el valor de liquidación de estas empresas era superior al precio al que negociaban sus acciones. En otras palabras, compró acciones de empresas que vendieron acciones por casi la mitad del precio del "valor verdadero". En términos claros, si sentía que una acción realmente valía $6 y se está vendiendo por $3, rápidamente aprovechará la oportunidad de comprar dicha acción.

Se dio cuenta de que la gente en el mercado está innecesariamente asustada e injustificadamente codiciosa. Estos dos atributos fueron importantes para el éxito del método de análisis del mercado de Graham. Se dio cuenta de que las empresas venden acciones por su verdadero valor cuando tienen miedo de correr el riesgo de liquidación. Por lo tanto, dominó el arte de ponerse en tales lapsos.

Un corazón generoso

Una vez que tuvo cierto nivel de éxito consistente, sintió que era el momento adecuado para compartir su descubrimiento con el mundo. Eso fue lo que dio origen al libro. Una de las características clave que exudan la grandeza de Graham fue su disposición a compartir sus ideas de negocio con otros. Los hombres de negocios y las mujeres típicas a menudo tienen cuidado de informar a los demás acerca de su "fórmula ganadora". A menudo consideran las ideas de negocios prósperas como "secreto sócto-secreto". Graham nunca lo vio así.

Warren Buffett, en particular, ensalzó a su mentor para este atributo. Curiosamente, Warren Buffett tenía sólo 19 años cuando leyó "El Inversor Inteligente". Estaba completamente impresionado por el contenido del libro; pero mucho más que eso, quedó impresionado por el hecho de que cualquiera sería lo suficientemente generoso como para compartir ideas de negocios tan grandes con otros.

Buffet se convenció de que estudiar bajo un mentor tan brillante y generoso valdrá la pena después de leer el libro. Logró esto inscribiéndose en la Escuela de Negocios de Columbia. Eventualmente se convirtió en el empleado de Graham. Este fue el comienzo de la famosa amistad que ambos compartieron que duró toda la vida de Benjamin Graham. La compañía se llamaba Graham-Newman Corporation. Buffet trabajó para Graham durante dos años hasta que Graham decidió que era hora de retirarse y lo llamó un día.

El éxito de Benjamin Graham como inversionista y como maestro hizo que su personalidad más grande que la vida sea digna de emulación. Vio la vida como una vida que valía la pena cuando otros se benefician de lo que tú tienes. Esta rara mentalidad es realmente encomiable. Creía que el mundo sería un lugar mejor cuando las personas exitosas sean generosas con su "proceso".

La mayoría de la gente sólo habla de su éxito, pero nunca el proceso involucrado en el logro del éxito. Esta mentalidad fue también lo que lo hizo publicar "The Intelligent Investor" en 1949. El libro sigue siendo uno de los libros más vendidos sobre la inversión en la actualidad. Las increíbles ideas del libro siguen siendo perennes y relevantes en el mundo financiero hasta hoy.

Warren Buffet describió el libro como el mejor libro jamás escrito sobre la inversión. El trabajo contiene ideas que parecen simples en la superficie, pero de hecho son muy potentes. Sólo unas pocas personas pueden igualar la increíble capacidad de Graham para combinar simplicidad con eficacia. Para apoyar aún más su compromiso con la humanidad, Graham pasó la mayor parte de sus años de jubilación en el desarrollo de medios simplificados para maniobrar con éxito el mercado para los inversores. Los nuevos inversores fueron su principal público. Quería asegurarse de que ningún nuevo inversor comete el mismo error que cometió antes en la vida.

Sus trabajos sobre la inversión en valor son más que meras teorías de una mente brillante; eran pepitas doradas de un corazón cariñoso. Warren Buffet también está haciendo lo mismo hoy. Es de hecho un verdadero estudiante de su maestro.

Valor Invertir a la manera Graham

Una de las enseñanzas importantes de Graham es la libertad del inversor. Lo explicó presentando a una persona imaginaria a la que llamó "Sr. Market". Market, según él, debe ser percibido como un socio comercial con quien usted tiene transacciones comerciales. Esta transacción comercial se ocupa de la compra y venta de activos.

Según Graham, los precios del Sr. Market tienen sentido, pero pueden ir más arriba o quedarse cortos cuando se considera la situación económica en ese momento. Describió al inversor como una persona libre que no debe ser presurizada para tomar ninguna decisión. Podrías terminar lamentando la decisión que torviste a toda prisa porque estabas bajo presión.

Opinó que la razón por la que el inversionista no debería estar bajo ninguna presión para tomar decisiones apresuradamente es que el Sr. Market siempre vendrá con otra oferta sin importar cuántas veces lo ignore. Por lo tanto, el inversor puede esperar la oferta que viene con bajo riesgo y termina con alto valor a largo plazo.

En otras palabras, según Graham, usted debe darse cuenta de que hay muchos acuerdos que vendrán a usted como un inversor. No tienes que tener prisa por comprar o vender. Espere a saltar a la oferta que tiene bajos riesgos. Esto asegura que usted tendrá prácticamente nada que perder en caso de que las cosas salgan mal, como tienen la tendencia a hacer en los negocios.

Este método de visualización del mercado fue descrito por Benjamin Graham como el uso de la psicología del mercado. Es de la opinión de que existe la psicología del mercado que cualquier inversor que quiera tener éxito debe entender. No entender esta psicología del mercado te hará perder ante Mr. Market más veces de las que jamás ganarás.

Promedio de costos en dólares e inversión en acciones y bonos

Benjamin Graham fue capaz de pintar una imagen perfecta de la volatilidad en las "emociones" del mercado de valores. Un inversor inteligente según Graham ve esta volatilidad como una oportunidad en lugar de una razón para presionar el botón de pánico. Es de la opinión de que algunas acciones están infravaloradas simplemente porque el mercado de valores está "deprimido".

Se necesita un inversor que no se deja llevar por estas emociones para saltar a la oportunidad de comprar acciones de bajo riesgo. Graham postuló dos técnicas que son necesarias para poder hacer frente eficazmente a la volatilidad del mercado. El primero es el promedio del costo del dólar, mientras que el segundo es una inversión en instrumentos de capital o deuda.

El promedio del costo en dólares se logra cuando elige comprar la misma cantidad de inversiones en dólares a intervalos regulares. Esto le permite aprovechar la reducción del precio. Lo que es más importante, esto garantiza que no le preocupará la compra de toda su posición cuando el mercado alcance su pico. Esta técnica es adecuada para inversores pasivos.

La ventaja que esto les da es que no tienen que ponerse nerviosos con respecto al momento o precio apropiado en el que sus posiciones deben ser compradas.

La inversión en deuda y renta variable es una buena manera de preservar su capital y asegurarse de que crece constantemente de acuerdo con el decano de Wall Street. Recomienda que entre el 25% y el 75% de sus inversiones deben estar en bonos. La variación para esto debe basarse en su propia evaluación de la situación actual del mercado.

Una ventaja importante que este enfoque le da es que no se sentirá aburrido como inversionista. La tentación de participar activamente en el comercio es la razón por la que muchos inversores terminan perdiendo su dinero. Por lo tanto, para eliminar este aburrimiento, invertir en bonos es el camino a seguir.

El margen de seguridad

La capacidad de decir "no" es una ventaja importante que posee el inversor. Por lo tanto, no hay razón para apresurarse en ningún acuerdo. Cree que una evaluación adecuada de la valoración actual de valores ofrecerá al inversor la oportunidad de elegir sólo las mejores ofertas. Esto introduce el concepto de "el margen de seguridad", que es un concepto vital para los estudiantes de Benjamin Graham.

El margen de seguridad según Graham es el arte de comprar una acción a un precio inferior al valor razonable de esa acción. La ventaja de esto es que entonces usted será capaz de venderlo para un mayor beneficio en el momento en que el mercado vuelve a su "sanidad". A veces, incluso puede ser capaz de venderlo por más que el precio que usted cree que la acción es realmente vale la pena.

Este enfoque minimiza el riesgo y maximiza los beneficios. No tendrás nada que perder en caso de que las cosas no funcionen eventualmente, pero tienes mucho que ganar cuando lo hagan. El margen de seguridad es el núcleo del notable éxito alcanzado por Graham. Es cierto que muchos de sus estudiantes innovaron más y idearon sus propias ideas. Sin embargo, el concepto de margen de seguridad sigue siendo la columna vertebral de cualquier innovación que se les haya inventado.

Conócete a ti mismo

Graham calculó que uno de los mayores males que un inversionista puede hacerle a sí mismo es no saber el tipo de inversionista que es. Por lo tanto, es imperativo que conozca el tipo de inversor que es. Lo explicó introduciendo una comparación de diferentes tipos de inversores que existen en el mercado de valores. El primero es el activo frente a los inversores pasivos, mientras que también distinguió entre un inversor y un especulador.

Inversores activos frente a pasivos

Graham llamó a los inversores activos "inversores emprendedores", mientras que los inversores pasivos son "inversores defensivos". La mayoría de los inversores en el mundo de la inversión equiparan el riesgo con los rendimientos, pero este no fue el caso de Graham. Estaba convencido de que es la cantidad de trabajo puesto en una inversión lo que determina su rentabilidad y no sólo el hecho de que usted está tomando riesgos.

Por lo tanto, cuando se trata de la cantidad de trabajo y energía puesta en una inversión, Graham describe al inversor activo como una persona que invierte una gran cantidad de energía y tiempo para convertirse en un buen inversor. Tal persona espera un alto rendimiento de este compromiso. Sin embargo, describió a un inversor pasivo como una persona que está bien con bajos rendimientos y sólo compromete una cantidad medida de tiempo y energía para invertir.

Un inversor activo pone mucho tiempo en la investigación con el fin de invertir correctamente. Sin embargo, si usted es un inversor pasivo que no está listo para comprometer tiempo de calidad a la investigación, pero todavía quiere hacer buenos rendimientos en ofertas de bajo riesgo, será mejor para usted invertir en un índice. Para ilustrar esto aún más, Graham explicó que un inversor pasivo puede simplemente invertir en 30 acciones del promedio de Dow Jones Industrial y obtener un rendimiento promedio en cantidades iguales.

Esto parece simple y fácil, pero no para Graham. Warren Buffett, al igual que su maestro, también apoyó esta línea de pensamiento. Un rendimiento promedio debe tratarse como un logro en lugar de una rutina. Mucha gente opina que puede obtener fácilmente un rendimiento promedio simplemente invirtiendo en un índice. Esas personas creen que sólo un poco más de compromiso les traerá mayores rendimientos.

Por la experiencia de muchas personas, no es tan fácil. Mucha gente ha perdido dinero con esta línea de pensamiento. La definición de Graham de un inversor defensivo, en el mundo moderno, es una persona que invierte en fondos de índice de bonos y acciones. Estas personas pueden ser vistos con seguridad como los dueños de todo el mercado. Esto se debe a que son capaces de obtener efectivamente de las áreas de mejor rendimiento del mercado. Tampoco tendrán la carga de la predicción de tales áreas de antemano.

Este enfoque le ayudará a ser beneficiario de los rendimientos del mercado de manera consistente. Puede estar seguro de que no tendrá rendimientos inferiores a la media. Simplemente permite que el resultado global del mercado de valores decida los rendimientos a largo plazo. Por lo tanto, no asuma que es una tarea fácil aprovechar la estructura del mercado. Muchos han toqueesta esta línea y han perdido mucho en el mercado. Esto le sucede a algunas personas constantemente. No tienes que ser una de esas personas cuando escuchas a aquellos que han tenido éxito en el pasado.

Inversor contra especulador

Graham señaló que no todos en el mercado de renta variable merecen
ser llamados inversionistas. Observó que algunas personas se
describen mejor como "especuladores". La diferencia clave entre un
inversor y un especulador es que el primero percibe al accionista
como uno que posee el negocio y la acción es vista como parte del
negocio.

Sin embargo, este último lo percibe a sí mismo como alguien que
simplemente está jugueteando con pedazos de papel que son caros y
no tiene ningún valor intrínseco. Es lo que se pagará por el activo que
determina el valor que tiene mientras el especulador esté preocupado.

El número de Graham

Benjamin Graham desarrolló lo que se llama "el número de Graham".
También a veces se llama "el número de Benjamin Graham".
Desarrolló esta técnica en su intento de garantizar que sus clientes y
estudiantes sean capaces de maximizar su margen de seguridad. El
número de Graham se refiere al valor más alto que un inversor
defensivo no debe ir más allá al valorar y comprar un activo.

El número de Graham se calcula considerando el valor contable por
acción de la compañía y las ganancias por acción de la compañía.
Una vez calculado, cualquier precio de la acción que no exceda este
valor está dentro del margen de seguridad del inversionista. Por lo
tanto, este tipo de acciones se considera digna de su inversión. Esto
se debe a que a esa acción se le da un valor menor que su verdadero
valor. Por lo tanto, ofrecerá el factor decisivo para la inversión

directamente del libro de Graham: bajo riesgo y alto potencial de beneficio.

El número de Graham puede ser considerado como una prueba general que permite al inversor aprovechar una acción que vale la pena. Graham cree que cualquier relación de ganancias de precios que puede ser considerada que vale la pena no debe ser superior a 15. También opina que la relación entre el precio y el libro no debe ser superior a 1,5. Esto explica por qué la fórmula para calcular el número de Graham es 22.5 (15X1.5).

(15 X 1,5 (ingresos/(acciones en circulación))

X

(((accionistas 'patrimonio)/(acciones en circulación))

En conclusión, Benjamin Graham tenía una personalidad más grande que la vida que sobrevivió a una circunstancia desafortunada a través de pura determinación, brillantez analítica e inteligencia financiera. Sus técnicas de supervivencia han dado lugar a teorías de inversión que todavía son relevantes hoy en día a pesar de su muerte. Su historia es inspiradora y sus obras son revolucionarias.

Capitulo 6

Análisis de Seguridad

El análisis de seguridad no es un concepto complicado cuando se entiende en su contexto adecuado. Por lo tanto, ¿qué es el análisis de seguridad?

El análisis de seguridad implica el uso de la información disponible al público en general para analizar y evaluar las garantías, activos, capital y deudas de las empresas. Es la evaluación de factores que tienen la capacidad de determinar el valor de un activo en particular. Esto se hace si un inversor es capaz de tomar las decisiones correctas al invertir su dinero ganado con esfuerzo.

Por supuesto, la decisión correcta significará la maximización de los beneficios y la minimización de las pérdidas. Esta técnica fue popularicada por Benjamin Graham, quien escribió: "Análisis de seguridad". Los valores son instrumentos financieros que se pueden negociar, como bonos y acciones. Son activos que tienen valores financieros asociados a ellos. Los valores tienen tres clasificaciones generales: valores de renta variable, valores de deuda y derivados.

Los valores de renta variable son los instrumentos financieros que distinguen a los propietarios de la empresa de otros. En otras palabras, los activos y beneficios de una sociedad pertenecen a aquellos que han comprado los valores de capital de esa sociedad. Los títulos de deuda son activos que se pueden negociar entre particulares. A menudo tienen términos y condiciones que están claramente definidos. La fecha de vencimiento, la tasa de rendimientos, el principal y la tasa de interés también están claramente definidas. Los derivados son básicamente activos en los que los pagos que se realizan entre dos partes tienen condiciones especificadas. Con los derivados, no hay ambiguedades que puedan conducir a problemas futuros cuando se va a realizar el pago. Las dos partes implicadas ya están en conformidad con las condiciones de pago antes de que se lleve a cabo la operación.

Por lo tanto, el análisis de seguridad se puede describir como la valoración de bonos y acciones hasta que un inversor es capaz de tener una buena comprensión del valor intrínseco de los bonos o acciones. Los derivados de crédito que se pueden negociar también se denominan valores. Sin embargo, cabe señalar que los contratos futuros, así como los productos básicos, no pueden denominarse valores.

La razón de esto no es descabellada. Es simplemente porque el desempeño de estos dos no depende de las acciones o actividades de un tercero. Lo que a menudo se describe como valores que están relacionados con los contactos son las opciones que están disponibles en estos contratos. Curiosamente, fue la decisión de la Corte Suprema de los Estados Unidos en el caso SEC v. W. J. Howey C la

que ha definido vívidamente lo que se puede denominar seguridad y
lo que no califica para ser llamado el mismo.

Tipos de análisis de seguridad

Hay varios tipos de análisis de seguridad. El análisis de seguridad
puede ser fundamental, cuantitativo o técnico. Con el análisis
fundamental, factores como el impulso del mercado de valores, así
como la tendencia de precios son muy importantes. Esto se debe a
que el análisis fundamental se centra en la evaluación de factores de
negocio que son fundamentales, como los estados financieros, los
datos de mercado, el mercado de la competencia, así como otros
hechos y cifras relevantes.

El análisis cuantitativo implica aprovechar las indicaciones
proporcionadas tanto por el análisis técnico como por los estados
financieros. Esto se hace generalmente mediante el uso de datos
cuantitativos. El análisis técnico permite a los expertos financieros
analizar y hacer predicciones bastante precisas con respecto a las
tendencias futuras de los precios mediante el uso de datos del pasado.

Sin embargo, es importante que entienda cómo funcionan los estados
financieros para comprender cómo llevar a cabo eficazmente un
análisis de seguridad. Los estados financieros son herramientas
importantes de análisis para cualquier inversor de valor serio.

Estados financieros

El análisis de seguridad es imposible sin estados financieros. Son las
verdaderas herramientas basadas en las que se lleva a cabo el análisis

de seguridad. ¿Qué es un estado financiero? Se trata de un registro oficial que contiene las actividades que ha llevado a cabo una sociedad financiera. Transmiten el desempeño financiero de dicha empresa al público en general.

Con el fin de garantizar que el estado financiero proporcionado por una empresa es preciso, a menudo es examinado por personas ajenas, como organismos gubernamentales, empresas y contadores. La esencia de esto es proporcionar información de antecedentes viable y confiable para asegurar que una empresa no participe en evasiones fiscales, y también para ayudar a los inversores potenciales a tomar decisiones creíbles.

Es importante tener en cuenta que no tiene que ser un contador para leer y entender los estados financieros. Es tan simple como leer la etiqueta de un producto alimenticio. Por lo tanto, si siempre has pensado que entender los estados financieros equivale a la ciencia de cohetes, estás equivocado. No son tan difíciles como podrías haber pensado.

Los estados financieros le muestran lo que una empresa hace con su dinero. Le muestra la fuente de sus ingresos, sus gastos, ganancias y pérdidas, si las hubiera. Por lo tanto, a menudo contienen estados de resultados, balances, estados de flujo de efectivo y estados de capital de un accionista.

Los activos propiedad en un momento determinado de una empresa se describen en un balance. Los gastos de la empresa, así como su beneficio durante un período de tiempo, se visualizan en la cuenta de resultados. El estado de flujo de efectivo muestra el dinero que se intercambió entre el mundo exterior y una empresa dentro de un plazo determinado. Los cambios que ocurrieron en interés de los accionistas dentro de un período de tiempo especificado se describen en la declaración de capital de un accionista.

Las tres primeras herramientas de análisis de seguridad, que son componentes fundamentales de un estado financiero, se explican en detalle a continuación:

Balances

Los detalles de los activos, el patrimonio de un accionista y los pasivos de una empresa están contenidos en un balance. En caso de que se pregunte cuáles son los activos, son instrumentos financieros propiedad de una empresa valiosa. La implicación de esto es que pueden ser negociados por ganancias financieras. Además, también pueden emplearse en la producción de un producto básico o en la prestación de servicios.

Pueden ser propiedades tales como camiones, plantas, equipos o inventario que son de naturaleza física. Sin embargo, no todos los activos son físicos. Los elementos no físicos, como las patentes y las marcas, también se consideran activos. Aparte de estos, las inversiones realizadas por una empresa, así como el dinero que posee una empresa, son todos activos. Los pasivos, por otro lado, son las deudas que adquiere una empresa.

Los pasivos pueden ser de varias formas al igual que los activos. Pueden provenir del alquiler, como resultado de tener que utilizar una empresa para préstamos de bancos utilizados para diversas cosas, como el lanzamiento de un nuevo producto, los salarios de los empleados de la empresa, las deudas contraídas por la compra de materias primas, los impuestos que se pagarán al gobierno , y el dinero gastado en la limpieza del medio ambiente. Las obligaciones que una empresa tiene con sus clientes de proporcionar bienes y servicios en el futuro también se consideran responsabilidades.

"Valor neto" o "capital" son los otros nombres que a menudo se utilizan para referirse al patrimonio de un accionista. Es el dinero que permanecerá en caso de que una empresa decida vender cada activo que posee. Esto lo hacen las empresas para poder liquidar sus pasivos. Son los propietarios de la empresa o los accionistas los que poseen este dinero. Por lo tanto, un balance puede describirse efectivamente como un registro que contiene los activos de una empresa, que es la adición de los pasivos y el patrimonio de los accionistas.

Mirando el balance, los activos de la empresa se encuentran en el lado izquierdo. El patrimonio social del accionista y los pasivos de la compañía se encuentran en el lado derecho del balance. Sin embargo, este no siempre es así. A veces, el capital de un accionista se coloca en la parte inferior del balance seguido de los pasivos y los activos en orden ascendente.

Los activos no se organizan a menudo al azar; a menudo se organizan en función de la facilidad con la que se pueden convertir en efectivo dentro del plazo de un año. Un inventario es un buen ejemplo de esto. Según la norma, la expectativa de una empresa es que deberían haber sido capaces de intercambiar su inventario dentro de un año. Los activos que no se espera que una empresa venda en el plazo de un año se denominaactivos no corrientes.

Los activos fijos son los ejemplos perfectos de activos no actuales. Los activos como camiones y muebles de oficina, que no están disponibles para la venta, y se utilizan para dirigir la empresa, son activos fijos. Las fechas de vencimiento de los pasivos son la base sobre la que a menudo se enumeran. Los pasivos se clasifican en pasivos corrientes o a largo plazo. Las obligaciones que espera que una empresa se liquide en el plazo de un año son pasivos corrientes. Los que tienen más de un año de fecha de vencimiento son pasivos a largo plazo.

La cantidad de dinero que han sido invertidos en las acciones de una empresa por los propietarios, en combinación con las pérdidas y beneficios de la empresa desde su consefancia, es el capital del accionista. Los dividendos son los beneficios de la compañía que se distribuye entre sus accionistas. Un balance también dará a conocer la forma en que entra el dinero y sale de la empresa. Su única responsabilidad es revelar el patrimonio, pasivos y activos del accionista de una empresa.

Estados de resultados

Este es el registro que tiene la responsabilidad de revelar las ganancias de una empresa durante un período de tiempo. A menudo, esto se hace anualmente, pero incluso se puede hacer antes de que finalice el año fiscal. Los gastos de la empresa durante este período de tiempo también se registran en las cuentas de resultados. Aparte de las ganancias, las cuentas de resultados también muestran la cantidad de las pérdidas que la empresa había sufrido durante un período específico.

El beneficio por acción (EPS) de la empresa también se describe en las cuentas de resultados. En caso de que la empresa opte por compartir sus beneficios durante un tiempo especificado, el beneficio por acción se refiere a la cantidad de dinero que puede obtener cada accionista de la empresa. Sin embargo, es importante tener en cuenta que es raro que las empresas distribuyan todos sus beneficios a la vez. Lo que se puede obtener es que lo reinviertan para aumentar los ingresos de la empresa.

Puede percibir las cuentas de resultados como un conjunto de escaleras con el fin de tener una mejor comprensión de ellos. En otras palabras, los ingresos totales de la empresa estarán en la parte superior. A continuación, los gastos de la empresa se deducen del dinero para cada paso hasta el final. El último paso revela cuánto ha ganado realmente la compañía durante ese tiempo. La cantidad perdida por la empresa también se revela, si ese es el caso.

El dinero que la empresa ha hecho de las ventas de sus productos o servicios es lo que se acumula como los ingresos totales, que se pueden encontrar en la parte superior de la cuenta de resultados. Los ingresos totales se conocen a menudo como ingresos brutos. Esto se debe a que los gastos de la empresa no se han deducido del dinero. Es por eso que se conoce como "ingresos brutos". Los costes de funcionamiento y otros pasivos son la cantidad de dinero deducido sistemáticamente de los ingresos totales.

El dinero que la compañía no espera obtener de las ventas se enumera después de los ingresos brutos. Las devoluciones de mercancías y los descuentos de ventas entran en esta categoría. La deducción de los derechos de emisión y los rendimientos de los ingresos brutos es lo que conduce a lo que se llama el "patrimonio neto" de la empresa. Al igual que una red, después de la eliminación de las asignaciones y devoluciones, el dinero se deja colgado. Por lo tanto, se llama ingresos "netos".

La siguiente sección, después de la deducción de los costes de funcionamiento de los ingresos totales, es donde se encuentra el beneficio bruto. Se deriva de la deducción de las ventas de costes de los ingresos netos. También a veces se llama "margen bruto". Al igual que los ingresos brutos, el término "bruto" también se utiliza como resultado del hecho de que todavía hay ciertos gastos que tienen que ser eliminados de él.

Los gastos de operación son los siguientes. Estos comprenden el dinero gastado en las operaciones de la empresa. Un buen ejemplo de ello es el dinero gastado en la investigación de un nuevo producto o los salarios de los trabajadores. Los gastos incurridos como resultado de la comercialización también entran en esta categoría. Es importante tener en cuenta que el coste de las ventas no es el mismo que el de los costes operativos. La diferencia clave es que, a diferencia del coste de venta, los costes operativos no están directamente vinculados a los bienes y servicios producidos para la venta.

También está la deducción de la amortización del beneficio bruto. El desgaste que inevitablemente sufren algunos activos como muebles, herramientas y maquinaria se explica en la deducción de la depreciación. Estos activos se utilizan a largo plazo. El costo de estos activos a menudo se extiende a través de períodos de uso. La amortización o amortización es el proceso de propagación de estos costes. El costo de usar estos activos no es más que una fracción de cuánto cuesta comprarlos en primer lugar. Una vez alcanzada la deducción de todos los costes de explotación del beneficio bruto, lo que queda es el beneficio operativo. Esto se calcula antes de impuestos e intereses. A veces, también se conoce como los ingresos de las operaciones.

El gasto en intereses y los ingresos por intereses son los siguientes. Es el dinero ganado por las empresas como resultado de tomar la decisión de mantener su dinero en una cuenta donde producirá intereses. También puede ser de fondos de mercado y otras vías relacionadas. Los gastos por intereses, sin embargo, se refieren al dinero que una empresa remite como resultado de pedir dinero prestado de esa fuente. En algunas cuentas de resultados, los gastos por intereses y los ingresos por intereses se dividen en dos secciones distintas. A continuación, el coste de explotación se calcula mediante la suma y resta de los gastos por intereses y los ingresos por intereses.

A continuación, se deduce definitivamente el impuesto sobre la renta, que derivará la pérdida neta o el beneficio neto. A veces, el beneficio neto se conoce como ganancias netas o ingresos netos. En un período contable determinado, el resultado neto es la cantidad real de dinero que la empresa ha ganado o perdido.

Los beneficios por acción también forman parte de la mayoría de las cuentas de resultados. Esto se calcula mediante una división de la suma de los ingresos netos globales por las acciones en circulación de la empresa. El resultado de este cálculo le informa sobre cuánto ganará cada accionista de la empresa en caso de que la empresa decida distribuir los ingresos netos de esa sociedad para ese período contable.

Estados de flujo de efectivo

El flujo de dinero hacia y fuera de una empresa es lo que se conoce como los estados de flujo de efectivo. La relevancia de esto es que una empresa no debe estar fuera de los fondos, lo que será necesario para sus gastos y la compra de activos. Todo lo que la cuenta de resultados le revela es si una empresa pudo obtener un beneficio o no. Sin embargo, un estado de cuenta de flujo de efectivo lo lleva una muesca más alto. Le permite saber si una empresa fue capaz de generar dinero en efectivo o no.

Sin embargo, cambia con el tiempo, que es el punto focal del estado de flujo de efectivo. No se centra en el monto absoluto en dólares durante un período de tiempo especificado. Depende de la información proporcionada tanto por las cuentas de resultados como por el balance de la sociedad. Al final de los estados de flujo de efectivo, lo que obtendrá es la disminución o disminución neta en términos de efectivo durante ese período contable. Las tres secciones de los estados de flujo de efectivo son actividades operativas, actividades de inversión y actividades de financiamiento. La entrada y salida de efectivo que tiene que ver con cualquiera de estas tres actividades es lo que determina lo que se incluirá o no.

Las actividades operativas se derivan de pérdidas netas o ingresos netos. Este es el primer análisis de los estados de flujo de efectivo. La mayoría de las empresas son capaces de averiguar la conexión entre sus ingresos netos y el efectivo real que la empresa recibió o gastó durante la realización de actividades operativas. Esto se logra mediante el ajuste de los ingresos netos para todas las partidas que no son en efectivo. La adición de gastos de amortización es un ejemplo típico de esto. También se ajusta cualquier efectivo gastado o puesto a disposición por otros pasivos y activos operativos.

La sección de actividades de inversión tiene en cuenta la entrada y salida de efectivo como resultado de actividades que tienen que ver con la inversión. Esta segunda parte de los estados de flujo de efectivo contiene actividades como la compra de plantas, equipos y propiedades. También incluye valores de inversión. Por ejemplo, la compra de una propiedad se especificará como una salida de efectivo que resultó de actividades de inversión. Esto se debe básicamente a que implicaba el uso de efectivo. En caso de que la empresa tomara la decisión de negociar parte de sus propias inversiones contenidas en su cartera de inversiones, los ingresos generados por ese tipo de transacción se considerarán entrada de efectivo. Esto se debe a que se ocupaba de traer dinero en efectivo para la compañía.

La última sección implica actividades de financiación. Esta es la entrada y salida de efectivo de una empresa como resultado de las actividades de financiación. La entrada de efectivo en este sentido se asocia a menudo con la venta de bonos y acciones. También puede incluir una actividad como pedir prestado a un banco. Una actividad como devolver un préstamo que fue asegurado de un banco se considerará como salida de efectivo.

Como puede ver, no es tan difícil entender los estados financieros. Todo lo que necesita es una explicación simplificada de cómo funciona. Mientras esté dispuesto a prestar atención a los detalles, leer y entender un estado financiero no es una tarea difícil.

Capitulo 7

El Inversor de Valor
y el Mercado de Valores

Una buena comprensión del mercado de valores y cómo funciona le ayudará a tomar buenas decisiones financieras. En caso de que usted no sea experto en el conocimiento de lo que es exactamente el mercado de valores, este capítulo será de gran ayuda para usted.

El mercado de valores (también llamado mercado de valores) es básicamente una colección de mercados e intercambios que permite la emisión, venta y compra de acciones. Estas acciones son puestos a disposición por las empresas para que cualquier persona en el público en general que esté interesado en comprarlas pueda hacerlo. La actividad de compra y venta se lleva a cabo a través de sin receta o a través de intercambios centralizados.

El mercado de valores es un mercado libre donde las empresas tienen la oportunidad de acceder al capital. Sin embargo, el pago de este capital es que deben permitir que personas del público en general posean acciones de su empresa. Esto permite a los inversores interesados invertir en varias empresas sin correr el riesgo que conlleva dirigir el negocio ellos mismos.

Invertir en el mercado de valores también garantiza que se le ofrece la oportunidad de ganar más dinero sin tener que ponerse nervioso sobre el día a día de una empresa. Factores como los altos costos de inicio y los altos gastos generales nunca serán una molestia para usted. Es más o menos descansar mientras su dinero trabaja para usted.

Es posible que se pregunte cómo las empresas que venden acciones al público ganan de tales transacciones. La respuesta a esta investigación no es difícil de encontrar. Las empresas que venden acciones se dan una amplia posibilidad de progresión exponencial. Esto se debe a que cuantos más acciones compra la gente, más aumenta el valor de una empresa. Por lo tanto, tanto usted como inversor como la compañía tienen algo que ganar de su participación en el mercado de valores.

No te entusiasmes todavía. No es fácil obtener un beneficio del mercado de valores. De hecho, incluso puede correr con una pérdida mientras invierte en el mercado de valores. ¿Cómo? Existe la posibilidad de que el stock que ha comprado pierda valor. En otras palabras, es posible que se vea obligado a vender sus acciones por menos del precio al que lo compró inicialmente. Esto es definitivamente una pérdida porque usted está perdiendo parte del dinero que invirtió en la acción en primer lugar.

Secciones del Mercado de Valores

Antes de invertir en el mercado de valores, debe decidir qué sección del mercado de valores tiene intención de invertir. Hay dos secciones en el mercado de valores: primaria y secundaria. Es en el mercado primario que los valores se crean originalmente. Las empresas venden sus acciones a inversores interesados directamente en el mercado primario.

El mercado de valores principal es de confianza porque se llega a comprar acciones directamente de las empresas que las venden. Como resultado de esto, el mercado primario tiene más inversores que invierten mucho capital, como fondos de cobertura y bancos de inversión. El mercado de valores secundario funciona de manera diferente. A diferencia del mercado de valores primario, son los inversores los principales protagonistas en el mercado bursátil secundario.

En otras palabras, son los inversores los que venden las acciones que han comprado a las empresas directamente entre sí. Las personas que no están interesadas en invertir una gran cantidad de dinero en la compra de acciones son los principales participantes aquí. El mercado de venta libre (OTC), que también se denomina fuera de bolsa, es la plataforma predominante para el mercado de valores secundario.

No hay mercado central y puede ser tan simple como una interacción entre un corredor y un comerciante. Este tipo de transacciones a menudo se llevan a cabo a través de medios electrónicos, como correos electrónicos o una plataforma de confianza. Es importante tener en cuenta que esto no incluye la bolsa de valores local. Son principalmente para los precios de las acciones, así como las acciones que no han encontrado su camino en la bolsa de valores de la bolsa.

Factores que afectan al mercado de valores

Hay varios factores que afectan al mercado de valores. Estos factores son responsables de la volatilidad por la que se conoce el mercado de valores. Volatilidad en el sentido de que podría haber un aumento repentino en el valor de las acciones, o peor aún, una fuerte disminución. Esto es lo que hace que el mercado de valores sea un lugar de ambas oportunidades para ganar dinero y también perder mucho dinero.

Factores responsables de la volatilidad sinónimo del mercado de valores son el resultado de factores como las tasas de interés, el crecimiento económico, la estabilidad, la confianza y las expectativas, el efecto bandwagon, los mercados relacionados y la relación precio-ganancias. Cada uno de estos factores será discutido brevemente con el fin de darle una idea más profunda de cómo afectan a la volatilidad del mercado de valores.

La tasa de interés, especialmente el bajo nivel de interés, es atractiva para ambas empresas y atrae a los inversores. Las acciones con una tasa de interés baja son muy buscadas debido al mayor dividendo que ofrecen. La gente compra más acciones, especialmente cuando los rendimientos de los bonos caen. Una alta tasa de interés producirá una reacción negativa. Se desalentará a los inversores a invertir en acciones cuando se atribuyan altas tasas de interés.

Cuando hay un aumento en el crecimiento económico, más empresas experimentarán un impulso en sus finanzas. Esto les animará a que también pongan a disposición acciones a precios moderados. Una disminución del crecimiento económico afectará negativamente al mercado de valores. Si ya posee acciones de una empresa, dicha disminución afectará a la valoración de las acciones, lo que a su vez dará lugar a una pérdida de inversión si decide vender sus acciones.

Las inestabilidades que resultan de crisis políticas, ataques terroristas y un aumento drástico del precio del petróleo también afectan al mercado de valores. Hace que el precio de las acciones caiga de una manera sin precedentes. El mercado de valores prospera cuando existe la estabilidad necesaria. La confianza y las expectativas tienen que ver con los inversores del estado de ánimo. Los inversores estarán dispuestos a invertir en acciones cuando estén seguros de que tendrán un buen retorno por su inversión.

Por otro lado, si los inversores sienten que las acciones caerán, especialmente si han insinuado un evento disruptivo inminente, no estarán dispuestos a arriesgar su dinero ganado con tanto trabajo en una empresa que tiene una alta posibilidad de hacerque perder dinero en lugar de ganar Dinero. Este es un factor importante que afecta al mercado de valores. Sin embargo, hay un factor aún más importante, que es el efecto de la banda.

Grandes inversores, como Benjamin Graham y Warren Buffet, han observado que hay una reacción exagerada que a menudo se ve en el mercado de valores. Graham explicó esto como la "psicología del mercado". A veces las acciones caen sólo porque la gente tiene miedo de que algo terrible está a punto de suceder que resultará en la pérdida de dinero. Durante esos momentos, la gente comienza a vender sus acciones a precios ridículamente bajos. Lo hacen para recuperar una pequeña parte de su inversión.

Un buen ejemplo de esto fue en 1987 cuando las acciones cayeron en un enorme 25%! Sin duda, hay mucha emoción involucrada en el mercado de valores. Se necesita un inversor que es capaz de ver más allá de estas emociones para aprovechar el mercado de valores. Aquí es exactamente donde la técnica de inversión en valor es útil. Como inversor de valor, usted hace que la volatilidad del mercado sea su ventaja.

Inmunización del Valor Inversor

Existen varios enfoques para la comercialización de acciones. Sin embargo, la inversión en valor se considera el mejor enfoque de todos ellos. El enfoque de inversión en valor para el mercado de valores que ha sido popularizado por Benjamin Graham y Warren Buffet es una estrategia importante. Este enfoque le inmune a la volatilidad que es una característica común del mercado de valores. La volatilidad del mercado de valores hace que la gente a veces subesvalore una acción. Un inversor de valor vive para esos momentos.

A continuación se presentan las ventajas del enfoque de inversión en valor para el mercado de valores:

Contrariamente a la creencia popular, esta estrategia no es sólo para los ricos. Algunas personas sienten que la inversión en valor sólo está destinada a los ricos que tienen suficiente fondo de reserva para aprovechar las acciones con mayor valor intrínseco; esto no es cierto. Lo clave de la inversión en valor no es cuánto dinero tienes, sino lo dispuesto que estás a trabajar duro y ejercer paciencia.

La inteligencia es lo que necesita para tener éxito como inversor de valor. Usted no tiene que ser bien educado antes de poder tener éxito como un inversor de valor. La paciencia, en particular, es un activo clave que un valor que un inversor debe poseer. Estás esperando el tiempo que la gente tome decisiones irracionales porque temen que las acciones caigan.

Las fluctuaciones en el mercado de valores suelen ser temporales. Con paciencia, como inversor de valor, usted capitaliza estas fluctuaciones a corto plazo con el fin de tener ganancias a largo plazo cuando el mercado vuelve a su cordura. Por lo tanto, no es necesario que tenga un bolsillo profundo o un muy buen fondo educativo antes de poder tener éxito en la inversión en valor.

Una mente clara que no se influye rápidamente cuando hay un alboroto, debido a una supuesta caída en los precios de las acciones, también es importante en la inversión en valor. Para ser un inversor de valor exitoso, tienes que ser menos emocional y más lógico. Ser emocional es la razón de la volatilidad del mercado de valores en primer lugar. Por lo tanto, usted tiene que ser capaz de mantener su terreno y disipar las emociones del mercado para tener éxito.

Bajoriesgo, altas recompensas

Esta es la ventaja más importante de ir por su enfoque. Todos los hombres de negocios o mujeres quieren maximizar las ganancias. Creo que no eres diferente. La inversión en valor garantiza que usted analice inteligentemente el mercado y vaya por compras de bajo riesgo que tienen el potencial de obtener grandes rendimientos en el futuro. Su arma más grande como inversor de valor es ser capaz de identificar acciones que están infravaloradas.

Como se mencionó anteriormente, la razón por la que las personas subestiman las existencias es a menudo debido a un temor irracional de una disminución inminente de las existencias. Durante estos períodos, las personas se apresuran a vender sus acciones con el fin de minimizar las pérdidas. Sin embargo, como inversor de valor, puede evaluar crítica y objetivamente el mercado para identificar acciones subvaluadas.

Por lo tanto, este enfoque garantiza que usted minimice las pérdidas y maximice el beneficio. Este es uno de los factores más importantes que hace que la inversión en valor sea el enfoque preferido para el mercado de valores.

Financiero inteligente

Cualquier inversionista que tenga el objetivo de tener éxito en los negocios debe ser financieramente inteligente. Ser financieramente inteligente implica muchos elementos. Implica ser paciente mientras otros se apresuran. Esto es importante si va a tomar decisiones correctas consistentemente como inversionista. La paciencia, sin embargo, no es lo suficientemente buena antes de que se le considere como alguien que es financieramente inteligente.

También debe ser capaz de identificar una oportunidad cuando vea una. Esta habilidad es lo que ha definido a los grandes inversores. Pueden ver lo que otros no pueden ver. Identificar una buena oportunidad tampoco es suficiente. También debe ser capaz de saber cuándo abalanzarse sobre las oportunidades que se le presentan. Si identificas una buena oportunidad, pero no eres capaz de saltar sobre ella, no eres más que un especulador y no un inversor.

En última instancia, ser financieramente inteligente se trata de tomar las decisiones correctas. Como inversor de valor, usted será inteligente y hábil en el arte de tomar decisiones financieras. El análisis de seguridad requiere un nivel decente de inteligencia. Como inversor de valor, se le pedirá que realice un análisis de seguridad de forma coherente. Esto mejora su capacidad para razonar lógicamente y llegar a una conclusión objetiva. Cuanto más experimentado seas en llevar a cabo esto, más inteligente financieramente te volverás.

Indiferencia ante las fluctuaciones del mercado

La fluctuación diaria que caracteriza al mercado de valores no molesta a un inversor de valor. Estas fluctuaciones, sin embargo, hacen que otras personas tomen decisiones equivocadas. Como inversor de valor, ya espera estas fluctuaciones y las utiliza a su favor en lugar de preocuparse y tomar decisiones irracionales que lamentará más adelante. No estar ansioso también es bueno para su salud. Si usted está constantemente ansioso, aumentará su presión arterial y eso no será bueno para su cartera.

Tasa impositiva más baja

Otra ventaja de invertir en valor es que le ofrece la oportunidad de obtener un beneficio con una tasa impositiva baja. Esto se debe a que su inversión se realiza a largo plazo. Por lo tanto, habrá menos impuestos que se debe pagar debido al formato de larga distancia de este enfoque para el mercado de valores. Esta reducción en la tasa de impuestos es muy importante para sus ganancias como inversionista. Esto hace que la inversión en valor sea el mejor enfoque para el marketing bursátil.

Ahorre más

Aparte de la ventaja obvia de ayudarle a ganar más, la inversión en valor también garantiza que ahorre más. Esto se debe a que se evitarán los cargos que se habrán cargado a su cuenta como resultado de una comisión de transacciones. Esta técnica requiere que su transacción sea rara debido a su estructura a largo plazo de la inversión. Por lo tanto, usted será capaz de ahorrar tarifas que habrán ido como comisiones para tales transacciones.

Ventajas de composición

La composición es una herramienta importante que le permite maximizar los beneficios. La inversión en valor garantiza que usted pueda aprovechar plenamente esto. La razón de esto no es descabellada. A medida que reinvierte su beneficio de su inversión inicial, su dinero sigue creciendo con el mínimo esfuerzo. Grandes inversores han sido capaces de dominar el arte de hacer que su dinero funcione para ellos.

Esto es exactamente lo que la inversión en valor le ofrece. Algunas personas sienten que los rendimientos son demasiado mínimos para la reinversión. Sin embargo, lo que pasa con el dinero es el tiempo. Una vez que tenga su dinero aumenta con el tiempo, lo que parecía una cantidad insignificante de dinero inicialmente eventualmente se convertirá en vale la pena.

Manera divertida de invertir

A menudo se considera que invertir es algo difícil. Puede ser si no lo haces con el enfoque correcto. Un enfoque de inversión que implica un enfoque de inversión en valor garantiza que la inversión se convierta en diversión para usted. A veces, es casi como si estuvieras jugando un juego. El hecho de que usted está en control y decidir a dónde va su dinero es increíble. Compras por mucho menos y vendes para ganar mucho más.

Usted está tranquilo antes de hacer riesgos calculadores. Usted es casi impecable y tiene pocas probabilidades de cometer cualquier error financiero significativo. Los nuevos inversores tendrán que mirar hacia arriba para descubrir los secretos de su éxito financiero. Por desgracia, descubrirán que usted es sólo un inversor que está utilizando un enfoque inteligente para tomar decisiones financieras inteligentes.

Capitulo 8

Gestión de Riesgos

C uando se oye la palabra "riesgo", lo que viene a la mente? Para la mayoría de las personas, los pone nerviosos y se preocupan. Esto se debe a que sólo pueden interpretar la palabra de una manera negativa. No es necesario verlo de esa manera porque el riesgo es parte de la vida. Como inversionista, el riesgo es una palabra que encontrará con frecuencia. Esto se debe a que usted tiene que entender cómo manejarlo bien con el fin de tener éxito como un inversor.

La gestión de riesgos es de vital importancia tanto para las personas como para las organizaciones. La capacidad de gestionar el riesgo es una parte muy importante de la inversión en valor. Como inversor de valor, usted debe ser capaz de identificar las transacciones que vienen con bajo riesgo y tienen el potencial de traer enormes rendimientos. Por lo tanto, como inversor de valor, sus habilidades de gestión de riesgos deben ser de primer nivel.

Las empresas y los individuos deben distinguir, evaluar, supervisar e informar de numerosos tipos de riesgo de mejora fuera de la elección. El riesgo es una palabra que tiene diferentes implicaciones para diferentes individuos. Es una palabra que causa el sentimiento de seriedad ya que tiende a, al menos de vez en cuando, traer resultados calamitosos.

Este concepto erróneo resulta significativamente de la ausencia de comprensión sobre la importancia de la palabra en sí. Los individuos utilizan una palabra similar para abordar términos distintivos. En el caso de que preguntes a diez personas únicas qué piensan de la palabra riesgo, presumiblemente obtendrás diez respuestas únicas.

Curiosamente, el riesgo es una idea crítica en varios campos lógicos, sin embargo, no hay acuerdo sobre cómo debe caracterizarse y traducirse. De hecho, incluso entre los especialistas en riesgo de diferentes organismos profesionales, hay una broma de progreso sobre el tema en el centro de su control. Lo que es más, obviamente, hay una variedad gigantesca del término en la escritura general.

Dado que la importancia del riesgo cambia con diversas circunstancias y la impresión humana de él, debe hacerse un significado razonable de la palabra riesgo. ¿Cómo podríamos hablar de algo que ni siquiera hemos caracterizado? Seguimos reexaminando los significados clave del riesgo en cuenta y en la inversión en valor.

¿Cuál es el riesgo?

La palabra riesgo puede partir de la palabra árabe " riesgo " o la palabra latina "risicum". A pesar de los contrastes de detalle al caracterizar el riesgo, todas las definiciones coinciden en que el riesgo tiene dos atributos: se identifica con vulnerabilidad y tiene resultados. El riesgo no es equivalente a la vulnerabilidad, independientemente de la inconstancia aleatorica o la equívoca epistémica. La relación entre vulnerabilidad y riesgo surge del pensamiento de los resultados.

Tal vez la forma más fácil de entender el riesgo es la vulnerabilidad que se da, ya que la vulnerabilidad sin resultado representa ningún riesgo. En 1966, la Comisión de Terminología de Seguros de la Asociación Americana de Riesgos y Seguros afirmó el significado que acompaña baña el riesgo como " La vulnerabilidad con respecto al resultado de una ocasión en la que existen al menos dos resultados concebibles" (Fransois, 2016). Un riesgo puede ser un peligro (resultado negativo) o una oportunidad (positiva). Este significado de riesgo resuena en el mundo financiero, ya que la mayoría de las empresas u organizaciones que son lucrativas y sin fines de lucro, situaron la necesidad de gestionar los riesgos para lograr su visión y objetivos.

Tipos de riesgo

La gestión de riesgos y valores son mandados interrelacionados que deberían ser paralelos. En cualquier caso, las prácticas de gestión de valor se completan primero, para decidir con precisión qué establece el valor para el cliente. Se reconocen las opciones (u opciones) preferidas, junto con los riesgos potenciales que pueden ocurrir. El inversionista de valor, o grupo responsable de la empresa, rehace las actividades paralelas de caracterización de valor y riesgos relacionados hasta que aterricen en la paridad ideal de valor y riesgo.

A continuación, estos procedimientos proceden de forma iterativa durante la duración de la vida útil de la empresa.

En la inversión, hay algunos riesgos que deben ser controlados para permitir al especialista financiero completar una empresa consistente que devuelva beneficios. Estamos absueltos con valor que contribuye a la compra o venta de acciones sobre la base de un aparente agujero entre su costo de mercado actual y su valor. Al poner recursos en acciones, bonos o cualquier instrumento de riesgo, hay mucho más riesgo involucrado de lo que usted sospecharía. ¿Qué tal si investigamos los dos tipos esenciales de riesgo:

Riesgo sistemático

A pesar del hecho de que usted puede tomar el riesgo no sistemático, hay otro riesgo que no puede ser erradicado. Este tipo de riesgo es el riesgo relacionado con un tipo específico de empresa. Por ejemplo, en el caso de que ponga recursos en la bolsa de valores, usted será responsable del riesgo relacionado con las acciones. En el caso de que ponga recursos en bonos, usted será responsable del riesgo de subir las tasas de interés. En general, el riesgo sistemático no se puede eliminar, pero tiende a ser supervisado apropiadamente. Hay numerosos tipos de riesgo en esta clase. La tabla adjunta contiene cada uno de estos riesgos y da una representación concisa de cada uno.

Riesgo no sistemático

El riesgo no sistemático se aplica a una organización individual. El riesgo no sistemático es la volatilidad de los beneficios debido a elementos explícitos para una empresa determinada. El manantial de la volatilidad se debe a condiciones, especiales para una empresa, y puede incorporar cosas como huelgas de trabajo, problemas de generación, demandas, pérdida de contratos, cambios en la gestión, malas decisiones de gestión y más. Estas condiciones influyen en la empresa a la que se hace referencia, y en su mayor parte, no en todo el mercado. Por ejemplo, en el caso de que compre acciones básicas de ABC, espera el riesgo relacionado con esa organización en particular como el riesgo de la industria en la que habita la organización. El riesgo relacionado con la organización incluye las decisiones tomadas por la dirección y la estructura financiera de la organización.

Riesgo empresarial

El riesgo empresarial es la fluctuación de los ingresos de trabajo del especialista financiero. Los ingresos de trabajo, también llamados los ingresos antes de intereses y deberes (EBIT), son equivalentes a los ingresos menos gastos de trabajo. Cualquier cosa que influya en los ingresos, por ejemplo, cambios en el costo de venta y se ocupa del volumen y los costos de trabajo. Por ejemplo, los cambios en los gastos de mercancía vendida, los costos de venta y los costos de las organizaciones, influyen en los ingresos de trabajo. Los ingresos de trabajo de determinadas empresas, por ejemplo, los servicios públicos y el sustento al por menor, son generalmente estables, mientras que los ingresos de trabajo de diferentes empresas, por ejemplo, la innovación y los vehículos, serán, en general, cada vez más inestables. Cuanto mayores sean las desviaciones en los ingresos de trabajo, mayor será el riesgo empresarial.

Riesgo financiero

El riesgo financiero es la fluctuación adicional de la ganancia global de un inversionista debido a la utilización del financiamiento de la deuda. Los verdaderos manantiales de financiamiento de los inversionistas están cerca de los fondos de la casa, el capital y la deuda. Algunas empresas utilizan el capital, mientras que otras utilizan una mezcla de capital y deuda. El riesgo que corre la utilización de la deuda es que la deuda requiere que la empresa pague cargos por intereses, lo que es un gasto fijo para la empresa. Los intereses de la deuda deben ser pagados, mostrando poca atención a si la empresa está haciendo o no un beneficio de trabajo o una desgracia. Cuanto mayores sean los costes de intereses, menor será la compensación total accesible a los accionistas. De esta manera, la utilización de la financiación de la deuda provoca volatilidad de la ganancia neta mucho más allá de la volatilidad provocada por el riesgo empresarial.

Riesgo de liquidez

El riesgo de liquidez es la probabilidad de no tener la capacidad de vender un beneficio por un valor equitativo. La liquidez es una marca esencial para los inversores en instrumentos financieros. Una inversión es vista como fluida en la posibilidad de que muy bien se venda rápidamente sin una pérdida de valor notable. Las inversiones ilíquidas descubren al especialista financiero el riesgo de que el inversor probablemente no salga de ella o el especialista financiero puede necesitar vender a un valor mucho más bajo que el costo actual del mercado. Los recursos que no valen el tiempo intercambiado transmiten un mayor nivel de riesgo de liquidez. Muchas pequeñas empresas a menudo se inclinan por el riesgo de liquidez que los suministros de empresas sustanciales y entendidas.

Riesgo de mercado

Riesgo de mercado si el riesgo de una disminución del valor de una inversión como resultado de mejoras económicas u diferentes ocasiones que influyen en todo el mercado. Los principales tipos de riesgo de mercado son el riesgo de las tasas de interés, el riesgo de capital y el riesgo monetario.

Riesgo de capital : Este riesgo está relacionado con lainversión en acciones y precios de las acciones. El precio de varias operaciones bursátiles en el mercado de valores fluctúa de vez en cuando dependiendo de los factores de demanda y oferta. Por lo tanto, este riesgo es la fluctuación adversa de los precios de las acciones que afecta a la cartera de un inversor.

Riesgo de tipo de interés : Esto se aplica a instrumentos dedeuda, como bonos, ya sean bonos corporativos o gubernamentales. Debido a que este tipo de valores dependen en gran medida de las tasas de interés, un cambio en ese interés es el factor clave aquí. Por lo tanto, el valor de este tipo de seguridad suele estar ligado a la cantidad de tasas de interés que puede obtener en el mercado abierto.

Riesgo monetario: Este riesgo está asociado con inversores internacionales. Por ejemplo, los inversores que poseen valores de otros países. Por lo tanto, es la implementación del riesgo por un cambio en el valor de la moneda del país de inversión contra el país de residencia del inversionista.

Riesgo de inflación

La inflación se ocupa del poder adquisitivo del dinero. Por lo tanto, esto implica el riesgo asociado con un cambio en el valor real del dinero. Siempre hay una disparidad entre el precio en papel y lo que el dinero realmente puede comprar. Por lo tanto, los países que tienen una alta tasa de inflación suelen tener monedas con una cantidad alta pero con un bajo poder adquisitivo. Este fenómeno suele ser prominente en el mercado de la deuda. Esto se debe a que este mercado depende en gran medida de las tasas de interés. Estas tasas pueden ser fácilmente erosionadas por presiones inflacionarias. Por ejemplo, cuando un bono tiene una tasa de interés del 10%, pero se espera que la tasa de inflación suba por encima del 10% en el mismo año, dicha inversión no valdrá nada al vencimiento.

Mayor riesgo y mayor concepto de retorno

Un pensamiento clave en la cuenta es la conexión entre el riesgo y el retorno. La idea de que sus ganancias son directamente proporcionales al riesgo involucrado es bastante común entre los inversores. A menudo se cree que cuanto mayor sea el riesgo involucrado, mayores serán las posibilidades de obtener un gran rendimiento. Sin embargo, esto no es necesariamente cierto. La técnica de inversión en valor mitiga esta idea.

La idea de retorno de riesgos es la paridad en la que un especialista financiero debe establecerse entre el anhelo del riesgo concebible más mínimo para el mayor rendimiento concebible. El mayor riesgo y el concepto de mayor rentabilidad plantean que las dimensiones bajas de incertidumbre (generalmente seguras) están relacionadas con bajos rendimientos potenciales, mientras que las altas dimensiones de incertidumbre (alto riesgo) están relacionadas con altos rendimientos potenciales. Elegir qué medida de riesgo puede asumir es una decisión vital que debe tomar como inversionista.

También plantea que cuanto más prominente sea el riesgo, más notable será el retorno normal. La capacidad y la capacidad de salir en una extremidad fluctúa entre los inversores y los inversores elegirán las inversiones en función de la previsibilidad con sus inclinaciones de riesgo. Los inversionistas que no quieran poner recursos en activos riesgosos considerarán los activos de riesgo sans, como las letras del tesoro. A algunos inversores les gusta poner su dinero totalmente en el intercambio financiero, mientras que otros pueden poner recursos en una mezcla del recurso de riesgo sans y la cartera de mercado.

La disposición definitiva del especialista financiero se basa en la inclinación del riesgo del inversor. Los inversores decidirán las opciones de riesgo factibles dependiendo de su marco de riesgo individual de la mente y el apetito de riesgo. Esto los hará riesgos reacios, moderados al riesgo o novios de riesgo. Supeditado a elementos como su edad, ingresos y objetivos de inversión, es posible que esté feliz de salir en una extremidad en sus inversiones, o puede que desee mantener las cosas mucho más seguras. Es fundamental que un especialista financiero elija cuánto riesgo asumir mientras se mantiene estable con sus inversiones.

Características del modelo de mayor rendimiento y mayor riesgo

Este modelo tiene algunas características distintivas que lo hacen diferente de otros. Algunos de ellos se discuten a continuación:

Alto riesgo y altos rendimientos

Estas características deben analizar la proporción de riesgo que se aplica a todos los activos y no es explícita de recursos. Debe representar inequívocamente qué riesgos son remunerados y cuáles no, y dar un método de razonamiento al esquema. El modelo debe examinar las medidas de riesgo institucionalizadas. Por ejemplo, el modelo debería descifrar la proporción de riesgo en una tasa de rendimiento.

Considera tanto el pasado como el presente

El modelo debe funcionar admirablemente para aclarar los rendimientos pasados y también prever los rendimientos anticipados futuros. Es urgente recordar que un mayor riesgo NO aumenta a un retorno más prominente. La compensación riesgo/retorno simplemente demuestra que los niveles de riesgo más altos están relacionados con la posibilidad de mayores rendimientos, sin embargo, nunca se garantiza nada. Un mayor riesgo también implica mayores pérdidas potenciales en una inversión.

Gestión de riesgos

La gestión exitosa del riesgo requiere la propiedad, la responsabilidad de la alta dirección, la comprensión del procedimiento y una rutina de gestión de riesgos que funcione encuestada normalmente en una cultura productiva sin culpa. El marco mental sobre el riesgo afecta significativamente la realización de cualquier empresa. Establecer un objetivo de no quede corto no producirá los resultados esperados. Por otro lado, un objetivo de éxito instará a los inversores a ser cada vez más imaginativos y a esforzarse por examinar y hacer frente a los riesgos percibidos.

La gestión del riesgo definitivamente no es un procedimiento lineal; más bien, es el ajuste de varios componentes entrelazados que se comunican entre sí y que deben ser iguales para que la gestión del riesgo sea viable. Además, los riesgos explícitos no se pueden tenir en la separación entre sí; la gestión de un riesgo puede tener balance o las actividades de gestión que tengan éxito en el control de más de un riesgo al mismo tiempo podrían ser accesibles.

Todo el modelo de gestión del riesgo sólo puede funcionar en un entorno en el que el riesgo se ha clasificado correctamente. Los diferentes tipos de riesgo explicados anteriormente deben estar en el foco para un inversor de valor. Debe ser consciente del riesgo al que se enfrenta actualmente su negocio y de cómo se verá afectada su cartera. Debe entender que el riesgo es inevitable. En consecuencia, debe saber cuándo el riesgo es saludable y cuándo puede ser perjudicial para su cartera. Este análisis debe ser holístico para producir una cartera equilibrada.

Enfoque de inversores para supervisar el riesgo en una cartera

Diversificación

Este es el enfoque menos complejo y mejor para disminuir el riesgo en una cartera para poseer una amplia variedad de inversiones. En esta situación, la máxima familiar "no ponga todas sus inversiones atadas en un solo lugar" es cierta. Las acciones de Apple Inc. aumentaron un 2.700% con el de la década anterior. Sin embargo, debido a la terrible planificación y ausencia de diversificación, el abogado de inversión, Andy Zaky, perdió una enorme cantidad de dinero a la luz de sus decisiones arriesgadas. Tenga en cuenta las ventajas potenciales de elegir inversiones de más de una clase de recursos. Cuando las acciones tienen condiciones en constante evolución, los bonos no pueden verse influenciados de manera tan significativa.

Evitar empresas con deuda

En medio de tiempos de prosperidad económica, las acciones que transmiten grandes cargas de deuda pueden llegar a ser finas y dandy. Sin embargo, cuando los tiempos se ponen difíciles, los especialistas en préstamos regularmente se aprietan con el dinero. Cuando el mercado de crédito se consolidó en medio de la emergencia financiera, las empresas de juegos de azar soportaron. Numerosas empresas se vieron obligadas a renunciar a las empresas y, además, a lanzar propiedades para permanecer disueltos. Mientras que Standard and Poor (S&P) 500 ha recuperado más que sus pérdidas en medio del retiro, las acciones de Las Vegas Sands Corp y MGM

Resorts International todavía están muy por debajo de los niveles previos a la emergencia (Wayne, 2015). Cada inversión tiene una medida específica de riesgo, sin embargo, al desglosar la ecualización riesgo/remuneración y la sustancia de su cartera, se puede eliminar una parte significativa del riesgo.

Invertir en Blue Chips

Suena lo suficientemente sencillo. En el caso de que necesite que su cartera sea estable y confiable, llénela de empresas estables y sólidas. A diferencia de invertir en empresas que creen que tienen el potencial de ser la próxima gran cosa, busque empresas que tengan una reputación de logro demostrada.

En lugar de comprar acciones con un enorme potencial de desarrollo para el futuro, busque acciones que ya tengan un fondo marcado por un desarrollo sólido. Un número considerable de estas acciones también pagan fuertes beneficios que dan una cantidad consistente de rendimientos en medio de las caídas del mercado.

Evitar el apalancamiento y el margen

Por tentador que parezca, el intercambio al límite abre a los inversores a un riesgo sin sentido. Al aprovechar las inversiones, no es simplemente el potencial de recogida lo que aumenta. Una forma en que numerosos inversores añaden una cantidad excesiva de apalancamiento a su cartera es mediante opciones de trading poco fiables. Mientras que el intercambio de opciones puede valer la pena cuando se beneficia bien, una clave para cualquier gran estrategia alternativa de intercambio es el monitoreo del riesgo.

Capitulo 9

Hábitos de los Grandes Inversores

Inversores han dominado el arte de registrar constantemente el éxito en los negocios. Han sido capaces de esculpir un nicho para sí mismos en el escalón superior del mundo de los negocios. Son grandes ejemplos de los típicos hombres de negocios y mujeres exitosos. Son paceteres en el mundo de los negocios. Todo aspirante a hombre de negocios y mujer quiere ser un gran inversor como resultado de los rasgos admirables que tienen, lo que les ha hecho posible alcanzar un gran éxito en los negocios.

Este capítulo analiza ampliamente los rasgos y hábitos que se encuentran entre los grandes inversores. La esencia de esto es no admirarlos y alabarlos; la esencia de esto es ayudarle a observar los rasgos que los han hecho exitosos con el fin de ayudarle en su viaje a ser un hombre de negocios o mujer de éxito. A continuación se presentan los hábitos de los grandes inversores que los han convertido en los que son hoy en día:

Son investigadores

Nuestro mundo de hoy ha hecho posible que tengamos acceso a toda la información vital que necesitamos para tener éxito en todas las esferas de la vida. Los grandes inversores tienen una habilidad ineludible para aprovechar la información que tienen a su alrededor. Llegan lo más lejos posible para asegurarse de que tienen toda la información necesaria que necesitan para tener éxito en cualquier negocio en el que hayan optado por invertir. La verdad es que, si no estás informado, serás incapacitado para tomar las decisiones correctas en cualquier esfera de la vida.

Los grandes inversores entienden que no es lo suficientemente bueno para informar. Ellos tienen en cuenta el hecho de que es imperativo estar bien informado también. Se han dado cuenta de que nadie puede actuar más allá del nivel de información al que tiene acceso. Como resultado de esto, los grandes inversores no son sólo investigadores, son grandes investigadores. Se toman su tiempo para examinar cuidadosamente los pros y los contras de los negocios antes de que se aventuren en él. Estudian el patrón del negocio y todas las lagunas posibles que tiene.

Estudian las limitaciones de un negocio, así como la posibilidad de su estabilidad a largo plazo. Por lo tanto, cada vez que se aventuran en un negocio, ya poseen la información necesaria que necesitan para tener éxito en ese negocio. Esto implica que, para que usted sea un gran inversor, usted debe ser un estudiante ardiente. Usted debe disfrutar de pasar tiempo de calidad estudiando sobre cualquier negocio. El hecho de que hayas tomado la decisión de leer un libro como este muestra que ya estás en el camino correcto. Tal disposición y hábito para estudiar será necesario para ayudarle a tener éxito en los negocios al igual que los grandes inversores que está apuntando a ser como.

Tienen un profundo conocimiento del negocio

El producto final de ser un investigador es adquirir la información necesaria para proyectarte en el ámbito del éxito que deseas en el mundo de los negocios. Sólo hay competiciones duras entre los humildes. Hay muchos espacios que ocupar en el escalón superior del mundo de los negocios. Sólo los grandes inversores ocupan estas posiciones. Sin embargo, hay muchos lugares todavía en marcha. La pregunta es, "¿estás listo para pagar el precio?" No es lo suficientemente bueno saber qué hacer, es más importante estar dispuesto a hacer lo que se debe hacer.

Ser un gran investigador es una actitud que impulsa a los grandes inversores a pasar tiempo de calidad para estudiar. Sin embargo, el producto de esa actitud, impulso y compromiso es el conocimiento profundo del negocio que tienen los grandes investigadores. En los negocios, usted se enfrentará a la situación de tomar decisiones, ir por una opción particular entre los muchos a los que está expuesto. Cualquiera puede tomar decisiones en el mundo de los negocios y en la vida, sin embargo, se necesita aquellos que tienen un vasto conocimiento sobre algo para tomar decisiones acertadas.

Cuando se trata de negocios, usted tendrá que tomar decisiones que tomarán o romperán su negocio. El problema no es sólo que usted tendrá que tomar estas decisiones, es que siempre tendrá que tomar decisiones regularmente sobre su negocio. Por lo tanto, usted no

puede permitirse el lujo de ser un novato en cualquier negocio que
ha elegido invertir en. Los grandes inversores lo entienden. Como
resultado de eso, están dispuestos a invertir tiempo, energía y
recursos para adquirir la información necesaria que necesitan para
tener éxito en el negocio en el que han elegido invertir su dinero.

Su capacidad para tomar decisiones de calidad es un reflejo de su
nivel de sabiduría. Tienes que ser prudente para tener éxito en los
negocios al igual que los grandes inversores que admiras. La
sabiduría no sólo cae sobre la gente. Sólo aquellos que están
dispuestos a pagar el precio por salir por el conocimiento adecuado
para poseer esta rara habilidad, y para tomar constantemente
decisiones sabias, lograrán este nivel de sabiduría.

No ponen sus huevos en una canasta

Los grandes inversores no son especialistas; saben poco de todo.
Siempre están en la búsqueda de otro negocio en el que puedan
invertir aparte de los que ya han invertido. No importa lo bien que lo
estén haciendo en un negocio en particular, entienden que nada está
puesto en piedra, especialmente en los negocios. Han dominado con
éxito el arte de tener múltiples fuentes de ingresos. Por mucho que
sean pacientes antes de poner su dinero en cualquier vehículo o
negocio de inversión viable, siempre están buscando otras opciones
que también pueden aprovechar.

Los grandes inversores son conocidos por tener múltiples industrias
en las que invierten. La ventaja de esto no es sólo que les da la
oportunidad de ampliar su horizonte y obtener ingresos de múltiples
fuentes, en realidad es una forma de póliza de seguro que tienen. En

otras palabras, en caso de que un negocio en particular en el que han invertido ya no prospera, tienen otras opciones en las que pueden volver a caer y construir de nuevo.

El mundo de los negocios es un mundo lleno de incertidumbre; por lo tanto, una predicción no es muy fácil. Varios negocios que estaban prosperando una vez habían cumplido con su partido. Durante tales eventos, aquellos que han invertido una gran cantidad de dinero en esos negocios a menudo sufren una gran pérdida. Las secuelas de tales ocurrencias a menudo tienen un peaje en las personas de maneras muy desagradables. Algunas personas pierden la esperanza en la vida durante esos momentos y terminan sin saber cómo empezar de nuevo. Por lo tanto, los grandes inversores no ponen sus huevos en una canasta para evitar eventos tan impredecibles.

No son miopes

Los grandes inversores son visionarios. A menudo tienen un plan de diez años para un negocio en el que están involucrados. Por mucho que el mundo de los negocios esté lleno de eventos impredecibles, los grandes inversores entienden que es imposible prosperar en el mundo de los negocios cuando no tienes un plan. No sólo les interesan los negocios para hacer algo de dinero rápido; quieren construir marcas comerciales que tengan una base sólida. Tienen la habilidad de construir negocios que tengan sostenibilidad a largo plazo.

Por lo tanto, no están buscando accesos directos o correcciones rápidas. Planean a fondo antes de empezar. Por lo tanto, tienen una buena idea de las fases del negocio. Conocen todo el potencial del negocio y pueden predecir en gran medida lo bien que lo hará el negocio en los próximos cinco años después del establecimiento. Esto les da dos poderosas armas necesarias para prosperar en el mundo de los negocios: la perspicacia y la previsión.

Los grandes inversores no son intimidados ni presionados para vender su negocio a una empresa más grande. Saben lo que se puede obtener del negocio y seguirán adelante para supervisar el negocio. Están comprometidos y apasionados por lo que hacen. Por lo tanto, se aseguran de que no dejen piedra sin girar para que sea un éxito.

Ven cada error como una oportunidad para aprender de

Es la naturaleza humana cometer errores; nadie es infalible. Los grandes inversores no se ven impecables también. Saben que a pesar de su planificación exhaustiva, no es imposible para ellos llamar a los tiros equivocados a veces. Sin embargo, se aseguran de que tales ocurrencias no son la norma, sólo una excepción a la regla. Los errores de los grandes inversores son raros, pero cada vez que ocurren, los ven como una oportunidad para aprender de.

No se critican a sí mismos de tal forma que se rindan cada vez que cometen un error; en su lugar, lo ven como una curva de aprendizaje. De hecho, los errores de los grandes inversores en el pasado son un factor importante que les da la experiencia que tienen en este momento. Sus errores les han dado la valiosa experiencia necesaria para tomar las decisiones correctas en el futuro.

Por lo tanto, cada vez que están asesorando a nuevos inversores, sus errores son herramientas valiosas para ellos. Saben lo que funcionará y lo que no funcionará porque lo han experimentado todo antes. Esto hace que sea un poco más fácil para ellos siempre empezar de nuevo cada vez que fallan. No ven un error como un momento decisivo para sus carreras como hombres de negocios y mujeres. Son más sabios debido a sus fracasos anteriores. Siempre esperan otra oportunidad para empezar de nuevo.

No se dan por ventosas fácilmente

Los grandes inversores no ven imposibilidades. Disfrutan de los desafíos. Ellos prosperan en hacer lo que otros creen que no es posible. Tienen confianza en su propia capacidad para tener éxito. Por lo tanto, no están interesados en la opinión de los críticos. Esto no significa que no escuchen lo que otros tienen que decir, simplemente no escuchan a los críticos que no ofrecen críticas constructivas. Esto a menudo hace que la gente los perciba como arrogantes. Sin embargo, en realidad, no son arrogantes, están determinados.

Los grandes inversores no saben cómo renunciar a sí mismos o a su negocio. Cada vez que las cosas no están funcionando a su favor, en lugar de darse por vencidas, creen que es porque hay algo que no están haciendo bien. Esta es también la razón por la que los grandes inversores son grandes investigadores. Están convencidos de que hay una solución que necesitan descubrir para tener éxito. Por lo tanto, no se dan por ventosas fácilmente. Tienen la habilidad de volver a levantarse sin importar cuántas veces se caigan.

Nunca se aturden, incluso cuando se les presenta el hecho de que ha habido otras personas en el pasado que nunca fueron capaces de tener éxito debido a los mismos desafíos. Creen que pueden tener éxito en lugares en los que otros han fracasado antes. Se consideran pioneros que mostrarán a los demás el camino para tener éxito en un nuevo territorio. Su historia de éxito es a menudo inspiradora. Esto se debe a un atributo que los ha visto a través de una semblanza sorprendente: la resiliencia.

Cada vez que se enfrenta a desafíos en su negocio y tiene ganas de rendirse, se dará cuenta de que incluso los grandes inversores, aquellos a los que mira hacia arriba, han pasado por desafíos similares o incluso peores en el pasado y los superaron. Nunca hay un campeón sin desafíos. Los conquistadores son lo que son debido a las dificultades que han sido capaces de superar. Los grandes inversores lo entienden; por lo tanto, siempre se ponen de pie cada vez que se caen.

Les preocupa la estabilidad

Los grandes inversores no desprecian los pequeños comienzos. Prefieren lento y constante a rápido y furioso. Quieren alcanzar el éxito, pero están preocupados por la forma en que lo logran. No quieren llegar a su destino con cicatrices y moretones. Este es también un factor importante que hace que los grandes inversores eviten accesos directos y soluciones rápidas. Saben que los accesos directos y las correcciones rápidas solo darán lugar a estructuras empresariales que no pueden soportar la prueba del tiempo.

Los grandes inversores, por lo tanto, pusieron en el esfuerzo necesario necesario para que el negocio prosperara en su lugar. A veces, lo hacen invirtiendo en personas que trabajan con ellos ayudándoles a mejorar sus habilidades. Esto aumenta aún más la productividad del negocio y su supervivencia a largo plazo. Construyen su negocio de tal manera que el negocio se vuelve autosuficiente sin su importante aporte.

Esto también explica por qué los grandes inversores a menudo se toman su tiempo antes de invertir en un negocio. No se dejan llevar por la tendencia actual. No hacen negocios simplemente porque hay una carrera loca para ese negocio. Quieren construir algo de lo que puedan estar orgullosos a largo plazo. Por lo tanto, ponen bases muy fuertes y construyen cuidadosamente sobre ella.

A menudo tienen una identidad y valores fundamentales sobre los que construyen su negocio. Por lo tanto, cada vez que reciben sugerencias que van en contra de estos valores fundamentales, son propensos a rechazarlo. Saben lo que quieren hacer, y tienen una manera definida de hacerlo. No son resistentes a las innovaciones, sino sólo a las innovaciones que se ajustan a los valores fundamentales sobre los que pretenden construir su negocio. No les importa el tiempo que les llevará construir su negocio. Es por eso que sus negocios son nombres de familia a largo plazo.

No tienen miedo de asumir riesgos calculados

Los grandes inversores no son imprudentes, pero nunca tienen miedo de tomar decisiones difíciles. No dudan en tomar decisiones simplemente porque tienen miedo del resultado de sus decisiones. Sin embargo, sopesan sus opciones correctamente antes de aventurarse en un negocio porque el mundo de los negocios está lleno de eventos impredecibles, y por lo tanto, el riesgo no se puede evitar en el mundo de los negocios. Cualquiera que no quiera arriesgarse ya ha puesto el clavo final en su propio ataúd en el mundo de los negocios.

El mundo de los negocios no está destinado a las personas que son imprudentes. De la misma manera, tampoco está destinado a las personas que tienen demasiado miedo de llamar a los grandes. Personas importantes en el mundo de los negocios se enfrentan a la toma de decisiones importantes todos los días. Se enfrentan a la toma de decisiones en las que un error de juicio puede hacer que el negocio se derrumbe. Sin embargo, los grandes inversores no tienen miedo de tomar decisiones importantes. Saben que estas decisiones pueden arruinar su negocio, pero también son plenamente conscientes de que estas decisiones también tienen la probabilidad de llevar su negocio a una altura sin precedentes.

Tienen control interno

Esto básicamente se refiere a la atribución de uno. En otras palabras, su centro de control interno se refiere a si atribuye su éxito o fracaso a factores internos o externos. Cuando usted encuentra un vínculo entre su éxito y el fracaso a los factores internos, entonces usted tiene un sistema interno de control; cuando atribuyes tu éxito y fracaso a factores externos, tienes un sentido externo de control. Los grandes inversores buscan la validación de sus éxitos y fracasos; nunca atribuyen su éxito o fracaso a variables no internas como la suerte o las decisiones gubernamentales.

A menudo hay un cambio y la incoherencia en el lugar de control para algunos hombres de negocios y mujeres. Ellos darán el galardón de su éxito a sí mismos, pero atribuirán sus fracasos a otros factores como la suerte o las decisiones tomadas por otros. Tales incoherencias no se encuentran con los grandes inversores. Pusieron mucho esfuerzo para tener éxito. No creen en factores como la suerte para ayudarlos. Identifican cada posible escollo en su negocio y los resuelven antes de que surjan tales problemas. Por lo tanto, apreciarán el aporte de los demás, pero atribuyen su éxito a su propio valor y esfuerzos.

Cada vez que fallan, también hacen lo mismo. No culpan a los demás por sus fracasos. Atribuyen sus fracasos a sí mismos. Cada vez que los grandes inversores fallan, rastrean las cosas que hicieron mal que conducen al fracaso. Esta es la razón por la que a menudo aprenden de sus errores que los hace más sabios posteriormente. Cuando atribuyes tu fracaso a otros, no has aprendido de tus errores anteriores. Esto te hará propenso a hacerlos de nuevo en el futuro.

Valoran a las personas

El mayor activo que poseen los grandes inversores no es propiedades ni dinero, es gente. Los grandes inversores tienen un gran respeto por las personas que trabajan con ellos, así como por su público objetivo. No les encomienda el negocio con el único objetivo de maximizar los beneficios; les interesa el negocio para satisfacer a la gente. Los grandes inversores son expertos en identificar una necesidad y satisfacerlos. Tienen el valor fundamental para satisfacer las necesidades mediante el suministro de bienes y servicios.

Ellos ven su negocio como principalmente una oportunidad para servir a la gente. Por supuesto, mientras sirven a la gente, terminan recaudando en efectivo. El modelo de sostenibilidad a largo plazo de negocio que es sinónimo de grandes inversores se basa en esto. Ellos toman decisiones que beneficiarán a sus clientes mientras hacen dinero fresco. Adoptan modelos de negocio que les permiten enriquecer la vida de las personas. Los grandes inversores tienen grandes corazones; están comprometidos con las personas.

Este compromiso a menudo impulsa a estar siempre atentos a otras formas en que pueden mejorar la calidad de sus productos y servicios con el fin de servir mejor a sus clientes. Sus términos y políticas se adaptan hacia la misma dirección. Prefieren incurrir en pérdidas que herir a la gente. Por lo tanto, siempre están investigando debido a este compromiso con la humanidad. Esto los hace a menudo destacar entre sus compañeros.

Los grandes inversores no nacen, se hacen

No hay destino que haga de una persona un gran inversor. Elegiste convertirte en quien quieras ser en la vida. La salida fácil es ser mediocre. Sin embargo, ¿por qué conformarse con menos cuando puedes tener el mundo a tus pies? Convertirse en un gran inversor no es un sueño elevado sólo aislado para un cierto grupo de personas. También puede convertirse en un gran inversor, siempre y cuando esté dispuesto a pagar el precio. Establece tus prioridades correctas y haz que tus sueños se hagan realidad.

Conclusión

Actitud correcta es importante para que usted tenga éxito en cualquiera de sus esfuerzos en la vida. Cuando tengas la actitud correcta, harás todo lo posible para asegurarte de tener éxito en cualquier cosa que hayas elegido hacer. Estoy seguro de que está en camino de convertirse en un gran inversor. ¿Sabes por qué? Porque tienes la actitud correcta. ¿Cómo sé que tienes la actitud correcta? Bueno, por decir lo menos, sacar tiempo de calidad para leer este libro muestra que tienes la actitud correcta.

Esta actitud es necesaria para tener éxito como inversionista. Los grandes inversores invierten tiempo de calidad en la investigación y adquisición del conocimiento necesario para tener éxito. Mantenga esta actitud porque será necesario para que usted pueda hacer frente eficazmente en la vida. Sigue empujándote y sigue aprendiendo todo lo que necesitas aprender. Los grandes inversores no solo invierten dinero; también invierten tiempo y energía.

Es importante tener en cuenta que la adquisición de conocimiento es buena, pero hay algo mejor. Es la implementación de las cosas que se han aprendido. No quiero creer que sólo hayas elegido leer este libro porque te sentías aburrido. En ese caso, habrías sido mejor leer una novela romántica o un cómic. También estoy seguro de que no están leyendo este libro porque no hay nada mejor que hacer. Habrías sido mejor ver una película o ver un programa de televisión. Estoy seguro de que está leyendo este libro porque quería reforzar sus posibilidades de éxito como inversionista. Por lo tanto, es importante que tome nota de todo lo que ha aprendido de este libro y lo implemente.

En este punto, usted ha aprendido todos los aspectos fundamentales sobre la inversión en valor. Definitivamente es una técnica que le da una ventaja en el mercado de valores. No dude en aprovechar este enfoque para el marketing de acciones. Como ya saben, grandes inversores como Benjamin Graham y Warren Buffet, han hecho uso de esta fórmula ganadora para tener éxito como inversionistas. No es necesario que sufra experiencias amargas que resulten de experimentos innecesarios.

Hacer lo que funciona es ser inteligente. Simplemente puede aprender de la experiencia de aquellos que han seguido adelante y tuvieron éxito en el campo elegido. Ya estás en el camino correcto. Será una idea terrible invertir tiempo de calidad en un libro como este y olvidar todo lo que has aprendido. Cuando implemente lo que ha aprendido sobre la inversión en valor, el éxito que registrará en el mercado de valores le sorprenderá.

No tendrás otra opción que recomendar este libro a otros. El tiempo corre... empezar hoy con estas ideas revolucionarias!